铸魂育人
新时代高校篮球教学研究

周秉政◎著

天津社会科学院出版社

图书在版编目（CIP）数据

铸魂育人：新时代高校篮球教学研究 / 周秉政著
. -- 天津：天津社会科学院出版社，2022.6
ISBN 978-7-5563-0832-3

Ⅰ．①铸… Ⅱ．①周… Ⅲ．①篮球运动－体育教学－
教学研究－高等学校 Ⅳ．①G841.2

中国版本图书馆 CIP 数据核字(2022)第 116567 号

铸魂育人：新时代高校篮球教学研究
ZHUHUN YUREN：XINSHIDAI GAOXIAO LANQIU JIAOXUE YANJIU
选题策划：韩　鹏
责任编辑：吴　琼
责任校对：王　丽
装帧设计：高馨月
出版发行：天津社会科学院出版社
地　　址：天津市南开区迎水道 7 号
邮　　编：300191
电　　话：（022）23360165
印　　刷：英格拉姆印刷(固安)有限公司
开　　本：787×1092　　1/16
印　　张：15.5
字　　数：245 千字
版　　次：2022 年 6 月第 1 版　　2022 年 6 月第 1 次印刷
定　　价：78.00 元

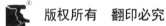

前　言

　　篮球运动是我国"三大球"中基础最好、综合实力最强的运动项目,具有广泛的群众基础、市场基础,具备较高的竞技运动水平。职业联赛稳步发展、青少年篮球培训和竞赛市场持续火爆,对于促进体育运动全面均衡发展,实现体育强国梦,绘就中华民族伟大复兴的蓝图具有重大意义。

　　篮球运动又是一种游戏,它在特殊的规则限制下,以特殊的形式和方法、手段,进行集体的攻守对抗,经过一百年多年的发展历程,逐步地演进为现代竞技体育项目。作为竞技项目,它通过强者之间的对抗与拼斗,能显示生命活力,培养人们顽强的意志、勇敢的作风、集体主义精神,并树立克服困难、一往无前去夺取胜利的信念。作为文化,它的价值在于它有特殊的感染力,不断给人激励和鼓舞,使人受到启迪,起到以事论史的作用。作为体育科学的学科课程门类,它以全面系统的科学理论基础,不仅深层地解析篮球运动的本质,而且能给人们以处事哲理的启示,并能提升各种智能、技能与能力。现代的篮球运动更是集现代化科学、教育学、人文学、社会学,以及各类自然科学为一体,成为一门多学科交叉的多元化的新型边缘性运动学科。

　　篮球运动作为一门高校的课程,具有优良的学科基础和深厚的历史底蕴,为进一步落实习近平总书记在全国高校思想政治工作会议上提出"要用好课堂教育这个主渠道,思想政治理论课要坚持在改进中加强,其他各门课程都要守好一段渠、种好责任田,使各类课程与思想政治理论课同向同行,形成协同效应"的课程思政教育改革理念。我们通过调查、研究、实践、对高校篮球课程的教学与训练进行了深入的教学探索。全书一共分为八章,第一章介绍篮球运动的发展历史,第二章介绍高校篮球课程思政的实施背景,第三章介绍高校篮球专修课程思政实施,第四章介绍高校篮球的训练,第五章介绍高校篮球科学研究,第六章介绍篮球裁判工作,第七章介绍现代科技在篮球教学中的应用,第八章介绍篮球的场地及器材使用、管理。

目前,高校篮球课程的教学,与思政的融合、教学改革创新、训练等一直处于探索阶段,本书是对这一阶段理论与实践的总结,由于编者能力有限,难免存在不少错漏之处,欢迎广大读者提出指导性意见,以期推动高校篮球课程教学不断向前发展。

目 录

第一章　篮球运动概述

第一节　篮球运动的起源与演进

一、篮球运动的起源

19世纪中叶以后,随着欧洲工业革命的发展,生产劳动技术的创新,社会财富大量积累,随之人们的社会思想观念也逐步转变,渴望追求新的生活方式,文明、进步、健康和富裕成为时代发展的潮流,不断引起一些具有远见卓识的教育家和社会活动家对充实、创新教育体系和社会生活内容的重视,探索健康的娱乐和体育活动对社会教育所能起到的积极强身健体功能,篮球运动便是在这种社会发展进步的大环境下,在人类追求文明、进步、健康和富裕的总体要求背景下产生并逐步完善起来的。

现代篮球运动是由美国马萨诸塞州斯普林菲尔德市(春田市)基督教青年会干部、训练学校的体育教师,出生于加拿大的詹姆斯·奈史密斯博士于1891年

图1-1詹姆斯·奈史密斯抱着早期的篮球和球筐

1

发明的(见图1-1)。其最早源于游戏,由于寒冷的冬季在室外运动受到限制,奈史密斯便将室外的游戏移至室内,没有了天气因素的干扰,越来越多的人参与到游戏中来。随着这个游戏的不断发展,就有了相应规则的产生,场地器材也在不断演变,篮球游戏也逐渐成为了篮球运动。时至今日,篮球运动已经成为世界上人们最喜爱的体育运动之一,奥运会、篮球世界杯、洲际锦标赛、亚运会等赛事将篮球运动设为正式比赛项目,各个国家或者地区组成自己的代表队参加比赛,取得名次、获得荣誉。

二、篮球运动的演进

(一)初创时期(19世纪90年代—20世纪20年代)

自1891年詹姆斯·奈史密斯博士发明篮球游戏以来,由于其与其他运动有显著的不同,具有对抗性强的特点并且比赛形式新颖有趣,很快吸引了一大批爱好者参与其中,逐渐成为民间娱乐文化活动。在有了特定的规则以及评判标准以后,篮球作为一项体育活动被广泛传播,逐渐地从民间走向学校,从学校走向社会,很快传播到世界各地。这一时期,篮球运动表现为以下主要特点。

场地器材特点:最初的篮球运动,没有专门的篮球,是以足球来代替,后来使用皮革缝制比足球稍微大点的"开口篮球"代替足球。早期的篮筐使用的是桃筐(见图1-2),悬挂在室内两侧离地面10英尺(3.05米)的墙壁上,最初的篮筐底部是封闭的,每次投球进桃筐后,需要爬梯子将球取出来才能继续比赛,到1893年,取消了桃筐的底部,使篮球能直接从篮筐中落下,相较以前封闭式的桃筐,节省了许多时间。在1893—1897年之间,逐步改进了篮筐,开始使用带篮筐的铁质篮圈。场地方面,初始时期并没有场地限制,任何一块场地加上两个桃筐都可以开展篮球运动,为了使比赛开展得更具有合理性,1892詹姆斯·奈史密斯博士将比赛场地划分为三个区域:前场、中场、后场,这三个区域的名字仍然沿用至今。并从1893年开始逐渐增加了分区线、中圈、限制区和罚球线,篮球也从"开口篮球"发展成为今天所使用的篮球,从没有篮板发展到木质篮板。

规则特点:初始阶段,没有对参赛人数作出明确限制,是为了让更多的人能够参与到这项运动中来,所以只要球场上双方队员人数相等即可。也没有明确的游戏规则,只要哪一方得分多,便为胜利者。1892年詹姆斯·奈史密斯博士编制了《青年会篮球规则》,其主要内容归纳为五条原则、十三项规则,这项措施给篮球运动带来了质的飞跃,有效制止了之前篮球比赛中出现的粗野动作,使这项运动向着文明的方向发展。有了篮球规则,就会出现相应的执法者——篮球裁判员。早

图1-2　早期木质篮筐

期比赛开始,就会安排两名裁判员,主裁的任务是根据篮球规则对比赛进行判罚,副裁的主要任务是记录,这一时期篮球运动表现出以下特点。

技术特点:攻守技术比较单一。

战术特点:以个人能力为主,队员之间有一定的位置分工,站位处于不同区域。

(二)完善传播时期(20世纪30—40年代)

篮球运动在这一时期飞速发展,全世界逐渐普及,1932年由葡萄牙、瑞士、希腊、罗马尼亚、阿根廷、意大利、拉脱维亚和捷克斯洛伐克八国于瑞士日内瓦宣布国际业余篮球联合会成立。联合会的成立使五花八门的规则成为统一。对于国际篮联来说,成立的任务之一是将世界各国的篮球竞赛规则相统一,并将男子篮球推荐为奥运会比赛项目。1936年在德国举行的第十一届奥运会上,男子篮球项目第一次登上奥运会赛场。由此,篮球运动迅速席卷全球,这也标志着现代竞技篮球运动的形成。这一时期,篮球运动表现出以下特点。

场地器材特点:在国际篮联成立以后,对篮球场地进行了一些调整,将合理冲撞区的范围扩大为罚球区内,并将以前的三秒区调整为梯形,篮板更加的规范,有长方形和扇形两种。

规则特点:在《青年会篮球规则》的基础上,国际业余篮球联合会做了进一步的修订,例如:在合理冲撞区内进攻时间不得超过3秒,持球不得超过5秒,球进入前场以后不得回到后场,并对篮球比赛中的上场人数作出了明确规定,要求各队上场人数为5人,比赛时间分两节进行,20分钟为一节等规定,不仅有利于篮球竞技水平的提升,而且也推动了篮球运动的发展。

技术特点:攻守技术明显增多,从单一技术动作发展到组合技术动作,各种技术动作的衔接明显加快。

战术特点:进攻方面从之前的依靠个人能力到开始运用一些掩护、空切等基础战术配合,防守方面更加具有整体性,有意识地运用补防、协防等战术。

(三)普及发展时期(20世纪50—60年代)

20世纪50年代以后,随着篮球理念不断提高,技战术的创新发展,规则场地等日益完善,篮球运动席卷全球,国际大型运动会都将篮球列为正式比赛项目,许多国家都成为国际篮联的一员。以1950年和1953年在阿根廷和智利举行的首届世界男、女篮球锦标赛为标志,身材高大的球员凭借出色的进攻和防守能力在锦标赛上大放异彩,高度也逐渐成为决定篮球选材甚至是篮球比赛胜利的重要因素。在这一指导思想的推动下,很多国家将高度与其原有特点进行组合,形成新的打法。例如高度、速度和技巧相结合的美洲打法;高度与力量相结合的欧洲打法;快、灵、准相结合的亚洲打法。这一时期,篮球运动表现出以下特点。

场地器材特点:由于各国运动员用高大中锋进行篮下强打得分的方式,国际篮联为限制这一情况的发生,在场地区域划分上进行调整,将原有的限制区扩大到上底3.6米,下底6米,高5.8米的梯形限制区。

规则特点:1961年取消中线,10秒规则随即取消。1968年规定在比赛下半时最后3分钟和所有决胜中,进攻队必须在获得球后的10秒内进入前场。

技术特点:以高度为重点,其他技术相结合的技术组合形式。

战术特点:进攻方面主要是围绕高大的内线球员制定相应的进攻战术,防守方面还是以区域联防和人盯人为主,全场紧逼和其他防守根据场上情况进行应用。

(四)全面提高时期(20世纪70—80年代)

70年代以后,涌现出一大批身高臂长的球员,比赛争夺愈发激烈,单凭身高很难在比赛场上占据很大的优势,与细腻的技术和迅捷的速度结合,综合运用多种战术才能增加获取比赛胜利的可能。因此在这一时期,不仅仅体现在个人或球队的全面提高,也体现在篮球运动的全面提高。这一时期,篮球运动表现出以下特点。

场地器材特点:由于各个球队的打法千篇一律,双方密集在篮下,导致比赛过于单调,失去观赏性。因此,在1984年增加了3分投篮区,增加进攻选择的方式,不代表离篮筐越近得分越多,让球员有了更多的灵活选择,从而牵制内线球员。3分球投篮区的增加有效地缓解了亚洲等地区由于平均身高不足问题造成的矛盾,也进一步推动了篮球运动的普及,让那些身高不足的球员也能够展现自己的优势和特点,逐渐将"高个子"运动转为全民运动。

规则特点:增加追罚、1972年将10秒的规则修订为一支球队在后场获得球,必须从获得球后10秒内使球进入前场。1984年采取连续计算法,1985年对5秒规则进行了强化,改为当一个持球队员遭到严密防守,在5秒内没有传、投或运球时,应当宣判违例,改争球为掷界外球。

技术特点:球员技术趋于全面发展,身高与技术动作、速度和空中对抗能力等明显提高,个人进攻技术全面且扎实,由于移动速度的加快和身体素质的增加,防守能力和水平明显提高。

战术特点:由于三分球规则的增加,进攻方面不再依靠单一的内线战术配合,综合的进攻战术逐渐发挥其优势。防守方面高强度、攻击性的集体防守战术趋于主流。

(五)创新发展时期(20世纪90年代至今)

90年代以后,现代篮球运动进入创新发展时期。1992年巴塞罗那奥运会职业球员第一次进入奥运会赛场,国际业余篮球联合会更名为国际篮球联合会,至1999年年底,已有二百多个国家和地区成为国际篮球联合会的成员。随着这一系列的改变,给世界篮球带来新观念、新技术和新战术。篮球运动将竞技、人文、商业相结合,向着职业化、社会化和商业化迈进。1996年,中国开始举办篮球职业联赛,中国的篮球运动也进入了告诉发展阶段。这一时期,篮球运动表现出以下特点。

场地器材特点:由于身材高大的运动员不断增加和运动员身体素质的不断提高,再加上在空中对抗性和争夺性的凶悍激烈,1994年增设了篮板周边的橡胶保护圈。

规则特点:1994年将1+1罚球改为2次罚球;比赛时间调整为4节×10分钟;为提高比赛的连续性以及鼓励身体对抗,对比赛中的身体接触以"有利/无利/"加以区分;2000年之后将一次进攻的时间修订为24秒、后场进入前场的进攻时间为8秒、增加14秒回表规则等。这一系列的改变使得攻防速度有了很

大的提高,球场上瞬息万变,要求运动员能在高速运动中保持命中率和稳定的心态,这也对运动员提出了更高的要求。

技术特点:很多优秀的身材高大的运动员其速度和技术水平同样很高,所以就出现了很多运动员在同一个位置上比对手高出很多的情况,形成了同位置的绝对优势。

战术特点:进攻方面形成了多种体系,个人技术和团队战术完美结合,进攻战术简练实用的同时变化无穷,在场上能够起到很好的效果。防守方面,个人防守能力要求提高,压迫式防守成为主流。

第二节 篮球运动的基本规律、特点与价值

一、篮球运动的基本规律

(一)集体协同规律

篮球运动作为集体性对抗项目的一种,集中体现在球场上一切行动都要基于全队整体的目的和任务中,依靠团队力量,倡导团结拼搏,因此集体协同是篮球运动的一个基本规律。现代篮球比赛要求每个运动员在比赛中发挥个人能力的同时,要以团队整体为导向。通过集体协同配合,将个人的力量凝结于整体之中,依靠整体的配合发挥个人的能力。所以说"集"是前提,"协"是手段。篮球运动的集体协同规律,不仅要求场上5名篮球队员彼此配合默契,协同作战,而且是对教练员指导全队、替补队员及时更替以及医疗等各种后勤保障的作用,将全队作为一个整体来设计战术、制定战略,及时对运动员的伤病进行处理。整合优势,协调全队队员的体能、技能潜力,加强和发展集体力量,调动队伍积极性,夺取比赛的胜利。

(二)攻守平衡规律

一攻一守是篮球运动的比赛形式,进攻与防守时篮球运动中的基本矛盾。比赛中双方无时无刻不在进行着攻守,一次进攻的结束就是又一次防守的开始。攻守双方自始至终在对抗中进行,这种对抗既包括有形和无形,又表现为直接和间接,功与守相互渗透,相互依存,进攻与防守也在对抗中得到改进,在抗衡中得以发展。篮球运动是通过比分来判定胜负,所以从某种意义来讲,进

攻是第一位的,只有当球落入篮筐后,才算进球得分,只有得分才能赢得比赛的胜利。但是,这并不意味着重视进攻而忽略防守。在比赛中,尽管进攻占据主导地位,但若防守强度大,防守队员积极主动,通过防守阻止对手的有效进攻,让本队获得新一次的进攻机会,这也是一种隐性得分。在保证本队进攻效率的同时,增加防守强度,保持攻守并重,注重攻守平衡是攻守对抗的和兴所在。攻与守是对立统一,同时又相互联系,相互作用。

(三)动态变化规律

篮球运动是一项动态性的运动,在时间、空间上不断地变化,从整体上讲,攻守双方布阵互动,在进攻和防守之间不断改变节奏和方向,力争主动;从个体上讲,场上每一名运动员都在根据场上的形式作出相应的改变,不仅如此,在心理上也在发生着微妙的变化,这些都是处于不断的动态变化之中;从篮球理论与实践的发展上讲,篮球理论源于篮球实践,同时又指导篮球实践的发展,先进的篮球理论指导篮球实践的发展,篮球实践的发展又推动篮球理论的创新,这是现代篮球运动的基本规律和特点。

(四)全面统一规律

现代篮球运动的发展要求参与者要认识与掌握篮球运动的规律,将技术、技能、智慧、意志等相互统一于一体,篮球运动员身体素质、心理素质和技术、战术的不断提高和创新推动了篮球运动的不断发展,同时也促进比赛规则逐渐的完善,反过来,规则的不断修订与补充,也促进了技战术的发展与变化。因此,规则与体能、技能、战术能力、心理、运动智能的全面统一,是现代篮球运动形成与发展的基本规律。

二、篮球运动的特点

(一)对抗性

篮球比赛在特定的场地进行,由于其攻守速度快等特点,需要运动员在力量、速度、弹跳等方面具有一定的表现。在不停地跑动当中,要时刻做好对抗的准备,无论是在进攻还是防守中都存在激烈的对抗性。在抢夺球权中不断追击、斗智、斗勇,不仅需要完备的技能、聪颖的智慧,还需要充沛的体能和冷静的头脑。因此,篮球运动的对抗性不仅表现在身体上的对抗,还有心理和意志的对抗,是全方位的对抗性运动。

（二）趣味性

篮球运动之所以普及如此之快,很大程度上在于其趣味性很强、对器材场地没有特别高的要求,能够随时随地进行。篮球是团队协作项目,同时又不同于武术等项目,没有固定的套路,能够根据比赛情况灵活运用,且健身性较强,因此篮球运动才得以广泛地开展。开展篮球比赛,能够愉悦身心,增加团队的合作意识,越来越多的企业将篮球比赛作为单位的体育活动,甚至很多公司将篮球文化融入其中。

（三）职业性

从20世纪90年代在国际大赛中允许职业篮球运动员参赛以来,职业篮球开始登上国际舞台,很多人更新了对职业篮球的认识,意识到打篮球也可以作为一种职业,很快职业篮球在世界范围内开展迅速普及开来。美国国家篮球协会推动了世界所熟知的NBA联赛的发展。第一场NBA比赛始于1946年,从最初的11支队伍经过七十多年的发展到现在的30支队伍,逐渐成为一个兼职业、商业为一体的超级联盟,也是所有篮球运动员向往的殿堂。篮球职业化已经发展成为一种产业化,由篮球运动带来的社会价值和经济价值成为篮球运动的又一新特点。

（四）商业性

随着篮球运动的普及也带动了篮球商业性的发展,国内外重大篮球竞赛组织借助电视传播、广告、相关体育器材设备等一系列商业化措施,逐渐形成了体育产业,在有了充足的资金后,以科技为导向的训练方法逐渐取代了传统的训练方法,培养和提高了一大批优秀运动员,从而带动了整体篮球水平的提高,这也是世界篮球运动发展的趋势。

（五）健身性

篮球运动是在特定的场地和规定的时间内,动用跑、跳、投等手段来完成技术、战术运用的,所以适量参加篮球运动,既可以强身健体,又对提高身体各器官机能水平以及心理有着重要作用。对于青少年而言,篮球运动在改善或提高身体素质的同时,能有效地促进生长发育,增强记忆力;对于成年人或中老年人而言,参与篮球运动能够适量排除体内毒素,增强免疫力,促进睡眠等作用。同时篮球运动将个人和团队很好地融为一体,对于竞争意识和团队协作意识的培养有着重要的促进作用。

（六）教育性

篮球运动是一项团体项目,队员之间互相信任协同配合是球队获取最终胜利的基础。没有任何一支球队是通过互相埋怨取得胜利的,因此篮球运动是以传播正能量和积极、健康的情感为前提,以整体责任感、荣誉感为精神支柱的运动项目。在这种团队性的训练中,个人英雄主义有利于个性的培养,但同时团队运动的协作精神又需要将个人的个性融入共性之中,从而形成球队的风格,这对于建立正确的人生观、价值观有着重要作用,能够培养个人的社交能力、集体主义精神,增进良好的道德情感,促进人文品位的提升,具有很强的教育特点。

三、篮球运动的价值

（一）篮球运动的锻炼价值

在参与篮球运动时由于肌肉的紧张活动,能有效促进身体机能代谢的发展,特别是能够使心脏跳动速度加快,提高心脏工作量,增加跳动频率带给机体更快的血液供应,在坚持长期篮球锻炼后,心脏体积会随之增大,对于篮球运动员来说,运动员心脏是很常见的,也是每名运动员经过长期锻炼后所形成的。篮球运动是在跑动中进行,可以减少脂肪,增强肌肉力量,保持关节柔韧。不仅如此,在篮球运动过程中经常变换技术动作,需要对现场情况作出敏锐判断,选择合适的技术动作,由于不停地运动变化,还需神经对肢体动作进行指挥控制,这一切都需要在一瞬间完成,因此对于神经中枢具有良好的促进作用。其次表现在篮球运动对人的心理也具有重要作用,对于篮球运动本身而言,需要高超、精湛的技术、多人默契的配合,以及冷静的判断。在球场上,由于观众的呐喊声、与对手的碰撞等多种因素会使心理产生微妙的变化,因此在比赛中比拼的不仅是显性的技战术和身体对抗,也是隐性的心理较量。特别是对于顶尖的高水平运动员而言,技战术相差不大的情况下,为最终比赛的胜利奠定了良好的基础。篮球运动是在不停的攻守变化中进行的,要求运动员随时准备进行进攻和防守,这种变化是在瞬息之间产生的,这对运动员瞬间反应能力和爆发力提出更高的要求,能够有效促进反应神经和智力的发展。在篮球运动中,有很多技术需要通过长时间的训练形成肌肉记忆和神经记忆,例如投篮等,这对于学生来说,一方面篮球运动本身能够提高运动记忆,通过长期的训练和固定手型能够形成动力定型;另一方面是通过艰苦的训练让学生明白,一件事的成功是通过日积月累和脚踏实地的努力得来的,在学习或生活中的提高也需要篮球训练精神,这对人格的培养也具有一定的促进作用。且篮球运动是通过人与人之间的沟通交流,需要每个人融入集体,形成集体意识和荣辱意识,这对社交、沟通等能力有良好的促进作用。

(二)篮球运动的经济价值

现代体育的进步,离不开经济的支持,在大量资金的支持下,很多有助于运动成绩提高的科技得以开发,例如,篮球运动中数据分析系统,在展现运动员场上发挥情况的同时,对下一阶段的训练也提出了指导性意见。再例如,液氮疗法的应用使运动员减轻疼痛感并加快恢复,这一切都需要庞大的资金作为支持。对于现代篮球运动员而言,除社会对篮球的投资以外,篮球运动本身所产生的经济价值是其得以不断提高的根基。由于篮球竞赛具有很强的观赏性,由此逐渐发展了其商业性,如门票、赛事转播等等,这些资金又推动着篮球运动的发展,随着篮球运动的不断普及与提高,从商业性已然又发展了其产业性。有属于各个国家的篮球文化,培养、输送篮球人才的机制等。对此,篮球运动创造的不仅是经济,也创造了就业,更创造了人才。在篮球产业发展下培养出的体育人才,将在社会的各行各业中服务,由此创造出更大的物质财富和精神财富,表现不同于传统经济价值。

(三)篮球运动的审美价值

篮球运动凭借其技艺性、对抗性等多方面形成独有的审美价值。西方人追求力量美,篮球比赛激烈的对抗性能够满足人们对于力量美的追求,也符合西方人的审美要求。而东方人更多追求技艺美,篮球精湛的技术动作,如华丽的运球等满足人们对于灵巧的追求,同样也符合东方人的审美要求。篮球运动将力量美与技艺等多方面融合在一起,体现了不同民族的审美文化,同样也是将世界人民通过篮球联系在一起,这对学习其他国家文化也具有一定推动作用。体态的优美表现出人们对现代生活的向往,群体运动的形式展现一个雏形的社会关系,也是社会的真实写照,表现得要更加的直接、纯粹,因此深受人们的喜爱与追求。优美的投篮动作和出其不意的传球给人带来别具一格的精神享受。与此同时,篮球明星的涌现让观众除精神享受以外也有了能够模仿的对象,啦啦队、媒体宣传等手段无一不将篮球运动推向新的历史舞台。从最初的篮下争夺到如今灵活、多变的打法,一方面展现篮球运动本身的不断发展与进步,另一方面也体现人们的审美意识的不断变化。篮球文化的推广更是代表了人们对于篮球运动的审美态度,在未来的发展当中,篮球运动将不断地发展,以适应和产生新的审美价值。

第三节 世界篮球运动的竞争格局与发展趋势

一、世界篮球运动的格局与流派

自20世纪90年代以来,随着人们对篮球运动认识的不断加深以及身体素质的不断提高,出现了很多现象级的篮球明星,由此推动着现代篮球运动进入了新的发展阶段。以基本身体素质为基础,结合不同国家的篮球文化和技、战术风格,在普及发展的同时,也形成了自己的流派和打法,形成了世界篮球运动的新格局。

(一)世界篮球运动的竞争格局

从多次篮球世界杯(2014年之前为世界篮球锦标赛)以及奥运会奖牌分布情况来看,当今世界篮坛形成了分庭抗礼的格局。

男篮:北美洲的美国,南美洲的阿根廷、巴西,欧洲的西班牙、希腊、意大利等篮球强国形成第一集团;欧洲的俄罗斯,大洋洲的澳大利亚、新西兰,南美洲的巴拉圭和波多黎各等国家形成了第二集团;非洲的安哥拉以及亚洲的中国等处于第三集团。

女篮:北美洲的美国,大洋洲的澳大利亚,欧洲的俄罗斯,南美洲的巴西形成第一集团;北美洲的古巴,欧洲的西班牙、捷克、希腊和亚洲的中国队处于第二集团;大洋洲的新西兰,亚洲的日本、韩国以及非洲的尼日利亚等处于第三集团。

(二)世界篮球运动技战术的风格与流派

不同地域形成了不同的篮球技术风格,世界篮球运动呈现不同流派,推动着世界篮球运动向动态、多元的方向发展。

美洲风格:以美国队、阿根廷队为代表,以黑人运动员为主要人种,其特点是体能强、速度快、弹跳好、爆发力强、基本技术好,个体攻防能力和技艺水平高整体实力较强。进攻时突出个人进攻和局部配合相结合的打法;战术灵活多变,攻防节奏特别快,擅长快攻和紧逼,攻守较为均衡,防守压迫性强。队员

11

在场上有非常强烈的表现欲望,以个人英雄主义为价值观,近几年以"小球"战术为主。

欧洲风格:以西班牙队、俄罗斯队为代表。以黑人运动员为主要人种,其特点是身材高大健壮,力量性和对抗性强,崇尚身体对抗,在打法上主要以主动的身体对抗为主,强调集体配合,重视进攻节奏,防守中重视单防、整体防守的攻击性以及相互配合,充分发挥集体作用。有很多欧洲的优秀运动员征战NBA的经历,他们技术娴熟、积极快速、投篮稳定、拼抢凶狠,经过NBA的历练,再回到欧洲大陆与本土风格进行结合,培养了大量的优秀运动员。

大洋洲风格:以澳大利亚为代表,以白人运动员为主要人种,其特点是运动员身材高大、作风顽强、攻防转换速度快、配合默契。将美洲与欧洲打法融入本土风格,进攻擅长内线强攻、外线掩护后中远距离投篮取胜,防守善于采用扩大半场人盯人的战术,一旦取得球权,立即展开反击。

亚洲风格:以中国队为代表,以黄色人种运动员为主要人种,其特点是身材普遍较小,力量差,对抗差、对抗弱,但是快速、灵活、准确、突破能力强、整体防守好,以技艺、智谋和顽强作风相结合。比赛中投篮方式多变,远投三分威胁大,但战术运用刻板,防守主要依靠整体防守。近几年,中国队不断完善亚洲型打法的同时,也注重向欧美打法和风格学习,基本战术配合以高、灵、全、准的整体型攻防和内外结合的打法为主,并探索与实施中国队当前提出的战术指导思想和技、战术风格,形成自己的攻防体系。

非洲风格:以尼日利亚、安哥拉为代表,以黑人运动员为主要人种,其特点是身体素质好,很多球员身材高大灵活,技术风格和打法与美洲型打法类似。虽然近几年非洲很多队伍实力有了显著的提高,很多球员服役于NBA,但是在整体技战术水平上与世界强队还是有一定的差距,主要是由于非洲篮球运动起步较晚,再加上训练条件有限,因此在战术意识、战术执行力上有一定的不足,进攻与防守都存在一定缺陷。

二、世界篮球运动的发展趋势

(一)职业篮球运动员产业化的形式在全球扩展

职业篮球比赛凭借激烈的比赛过程和高速的攻防转换赢得观众的青睐和认可,从而产生了一定的经济效益,随着时间的推移和篮球水平的不断提高,这不仅加速了篮球运动的职业化进程,并以一种新兴产业的身份推动经济社会的发展。竞赛规则、竞赛制度和竞赛方法的不断变革,加上篮球运动的不断推广,职业篮球所产生的经济效益和文化效益,已经成为推动篮球和社会进步的重要力量。

(二)学校篮球运动蓬勃发展

篮球运动进校园是当今一个重要话题,篮球运动本身的功能和作用对青少年的发展逐渐被重视,传统应试教育思想逐渐被素质发展教育思想所取代,体育部门、教育部门、学校领导以及学生家长都对篮球能够提升学生身体素质产生了一定的共识,再加上媒体宣传和学生自身对篮球运动的喜爱,使篮球运动迅速地在学校普及开来。随着中国大学生篮球联赛(简称CUBA)的成功举办,成就了很多青少年篮球爱好者的梦想。篮球运动传播的不仅是技术和文化,更是一种积极向上、勇敢拼搏的正能量,未来校园也将培养出更多优秀的篮球人才。

(三)大众篮球运动进一步普及

篮球运动具有健身性和趣味性的特点,它已经成为全世界人民最喜爱的运动项目之一。不仅在发达国家篮球运动随处可见,在中国,很多小区里面都有篮球场地,很多公园也设有篮球场地,从这个角度看,篮球运动已经走进人们的日常生活之中,传统的健身器材已经不能满足人们对于锻炼的需要,篮球运动成为大家锻炼的重要选择之一。

(四)篮球运动理论和实践以科技转化为导向

传统的篮球理念、篮球理论、技术和战术以及训练手段的变化,是由于现代科技对篮球运动的渗透造成的。每年都有大批学者、专家等对篮球运动进行研究讨论,力求在理论层次方面有进一步的创新发展。随着新观点、新构想的提出,由实验团队用科学仪器进行评估和验证,改善原有的技术动作,传播新的科学训练方法,完善原有的竞赛制度及规则,最终为提高篮球运动水平服务。随着篮球运动科技化水平的不断提升,一方面提高现有的篮球水平,另一方面探求篮球专业人才培养途径,从理论实践创新和人才培养两个方面入手,以科技化为导向,共同促进篮球运动的不断发展。

(五)竞技篮球运动分庭抗礼

1992年巴塞罗那奥运会,国际篮联允许职业球员参加比赛后,极大推动了世界篮球运动的发展。虽然欧美国家占据统治地位,但是其他国家也紧随其后,不断竞争导致在排名上经常出现变动,这种竞争性,使各个国家的篮球水平飞速发展。其篮球技术也发生了显著变化,从阵地进攻转移到运动战和小球时代,特别是对内线队员而言,需要做出改变来适应新的打法,使高度和速度进一步结合,攻防转换速度进一步加快,使篮球运动的观赏性进一步加强。不仅如此,也对运动员、教练员等提出了更高的要求,全面且有特点的风格才能迎合篮球新时代的发展,这是多因素、综合性的较量。

第四节　中国篮球运动的发展历程与展望

一、篮球运动在中国的起源与发展

(一)篮球运动在中国的起源

1895年9月1日,受美国基督教青年会和北美协会派遣,来会理偕夫人从美国启程来华组织开展基督教青年会活动(见图1-3)。10月5日,来会理抵达上海,之后在南方各省游历、调查,经过反复考虑和比较,最终决定将天津作为发展基督教青年会的重点地区。12月1日,北洋大学校长安德培在天津北洋医学堂的节制堂,召集学生组织"勉励会"欢迎来会理,来会理以国际委员会首任代表身份做了讲演。12月8日,来会理在北洋医学堂又作了第二次讲演,并同时成立天津中华基督教青年会,成立大会上进行了篮球表演。这是史料记载中,中国历史上第一场篮球表演,成为篮球传入中国的最早标志。自此,篮球运动在中国各地迅速普及发展。经过一百多年的发展,目前在我国拥有了一大批篮球运动爱好者,对我们的社会生活起着重要的影响作用。

(二)篮球运动在中国的发展

随着篮球运动传入中国,受到我国政治、经济体制的影响,迅速地传播、普及开来,在不同的时期呈现出不同的

图1-3 北美基督教青年会干事来会理

阶段性特点。

1.萌芽时期(1895—1948年)

第一阶段为1895—1918年的初始传播阶段。中国当时正处于半殖民地、半封建的社会,面对内忧外患的局面,篮球运动的发展受到了阻碍,只在民间进行小范围的传播,并没有得到大规模且有组织的宣传。自青少年接触篮球运动后,带着好奇的心态进行尝试,由于篮球运动不同于其他运动的趣味性,很快得到了学生的认可。

第二阶段为1919—1936年的缓慢推广阶段。经过十多年的开展,20世纪初篮球运动才逐渐成为各类学校主要的体育活动,并从学校传入社会。1910年举行的第一届全运会上男子篮球被列为表演项目;1914年第二届全运会上男子篮球被列为正式比赛项目;1924年第三届全运会上女子篮球被列为正式比赛项目。此后,在华北地区的运动会上,篮球运动也被列为正式比赛项目,从此篮球运动进入一个新的阶段,正式比赛活动逐渐兴起。我国男子篮球队曾参加十次远东运动会的比赛,并在1921年第五届远东运动会上获得冠军。此外,我国曾派队参加了1936年和1948年的第十一届和第十四届奥运会篮球比赛,但都未能进入决赛。1936年奥运会期间,中国篮球协会正式成为国际业余篮球联合会成员,赋予了中国篮球运动新的国际身份,篮球运动再次被推向了一个新的高度,学校成为篮球运动培养人才的主力军,社会篮球竞赛更为普及,开始进行国际篮球赛事交流。

第三阶段为1937—1948年的局部普及阶段。20世纪30年代后期,篮球运动逐渐在革命根据地展开,很快就成为广大人民群众和红军、八路军将士喜爱的运动项目。当时特别引人瞩目的是由120师师长贺龙和政委关向应亲自组建的“战斗篮球队”,以及抗日军政大学三分校以及东北干部为主组成的“东干篮球队”。他们共同的特点是宗旨明确、纪律严明、斗志顽强、技术朴实、打法泼辣、体能良好,充分反映出革命军人的优良道德品质和顽强拼搏的作风,给军民留下了深刻的印象。革命根据地篮球队的成立,为战士和群众提供了战时健身锻炼的工具,同时也促进了军民团结,而且将我国军人的优秀作风发扬到篮球赛场上。经过多年的发展,我国“八一”男子篮球队逐渐成为部队篮球的代表,在实力上处于国内强队,多次获得冠军,其打法继承军队优良传统,展现了军人的英姿。

1945年抗日战争胜利后,工矿、机关、实业界等行业重新举办了篮球比赛,较之前规模更大,由此在全国各地也涌现了许多新的篮球队,成为一股新兴力量,这也极大地推动了我国体育事业的发展以及篮球运动的普及。

2.普及、停滞、恢复阶段(1949—1994年)

第一阶段为1949—1965年的普及、发展、提高阶段。1949年中华人民共和国刚刚成立之时,北京、天津两地大学生组成了大学生篮球队参加匈牙利举行的第十届世界大学生运动会的篮球比赛,并获得第十名的成绩,此后国家非常重视篮球运动的发展,提出并采取了一系列举措,篮球运动政府政策支持下,进入了普及、发展和提高时期。

为提升我国竞技篮球水平,20世纪50年代初在北京成立了中央体训班篮球队,学习苏联优秀篮球训练理念、方法,并以此为媒介加强国际交流,在1950年12月邀请苏联队来到我国进行赛事交流和访问,到北京、天津、上海、南京、广州、武昌、沈阳、哈尔滨8个城市进行了33场比赛,这打开了我国竞技篮球运动发展的思路,相关专家和部门领导立刻展开讨论认识到篮球要走出国门,一方面学习国外的先进技术,另一方面学习国外篮球理念,以此提升我国篮球水平。就此,很快出台了一系列举措,组建了篮球队,参加国际赛事,我国竞技篮球水平进步非常显著。1955年开始实行全国篮球联赛,很多篮球理论专家、学者提出了不同阶段训练指导思想,经道复的讨论与实验,分级竞赛制度首次登上我国历史舞台。1956—1957年推行了篮球等级升降级联赛制度和教练员、裁判员等级制度。20世纪50年代,由于当时的国际奥林匹克委员会(简称国际奥委会)制造"两个中国",面对当时的国际局势,我国以强硬的态度选择退出国际篮球组织,坚持一个中国的原则。虽然参加国际篮球赛事的机会减少,但是由于篮球运动在国内影响力大,所以国内赛事依然表现得十分活跃。1959年举办了中华人民共和国第一届全国运动会,四川男队、北京女队分别获得冠军。全国运动会成功举办推动了各地发展篮球运动的决心和信心,高水平运动员和球队层出不穷,在激烈的竞争环境中飞速成长,篮球运动技术水平有了明显的提升,形成带有中国特点的打法和风格。由于我国篮球队员以灵巧为特点,"快攻""跳投"成为进攻手段,同时又有着不怕苦、不怕累、敢于拼搏的民族精神,"紧逼防守"成为制胜手段,凭借这些优势在大赛上取得了优异的成绩。20世纪50年代末至60年代初,我国的篮球运动水平已接近世界先进水平。

第二阶段为1966—1978年的停滞、困惑阶段。1966年进入"文化大革命"时期,在这十年动荡的冲击下,中国篮球运动的发展出现了停滞和困惑,与世界强队的水平也在逐渐拉大。20世纪70年代体育战线全面拨乱反正,我国篮球竞技运动确立了赶超国际水平的新目标。1971年我国开始重新组织青少年运动员的训练,1972年举办了全国五项球类运动会,逐步建立了我国的篮球联赛体制。1972年底中华人民共和国体育运动委员会(简称国家体委)在北京召开了"三大球"训练工作会议,确立了"积极主动""勇猛顽强""快速灵活""全面准确"的篮球运动训练指导思想和贯彻"三从一大"的科学训练原则。1973年后恢复国际间的交往,1974年开始参加世界性比赛。我国的男子篮球队、女子篮球队分别在1975年获得了亚洲冠军,确立了亚洲强队的地位并走向了世界。1975年中国篮球协会在亚洲业余篮球联合会取得了合法席位,1976年国际业余篮球联合会通过决议,恢复中国篮球协会的合法席位,1977年我国女篮在世界大学生运动会上取得第五名,1978年男子篮球队参加第八届世界锦标赛并获得第十一名。

第三阶段为1979—1994年的复苏、提高阶段。1978年国家实行改革开放政策,篮球运动进入了快速发展时期。随着篮球运动在世界范围内的普及,高校开始积极结合篮球运动,组建了学校篮球队,开始与其他学校进行比赛交流。在一些经济条件不错的农村地区不仅建设了篮球场地,还开展了农民运动会,其中篮球运动异常火爆,业余篮球队数量呈几何数增长,不同区域、不同级别的篮球比赛活动在全国范围内进行,篮球比赛成为人们茶余饭后的谈资。各级政府开始成立专业队,全面促进了我国篮球竞技水平的提升。1981年底,在杭州举行全国篮球训练工作会议上强调发扬中国篮球运动员快速、灵活的特点和优势,确定了"复兴篮球、全国一盘棋"的指导思想,提出"女篮先上、男篮紧跟"的口号。1983年在巴西圣保罗举行的第九届世界女子篮球锦标赛上,中国女篮取得第三名的好成绩,从而跻身于世界强队行列。1984年在美国洛杉矶举行的第二十三届奥运会篮球比赛中,中国女篮取得第三名,1986年在西班牙巴塞罗那举行的第十届世界男篮锦标赛上,中国男篮取得第九名,1992年第二十五届奥运会上,中国女篮取得第二名,1994年第十二届世界女篮锦标赛上,中国女篮取得第二名。1994年在加拿大举行的第十届世界男篮锦标赛中国男篮取得第八名,跻身于世界前八强。然而在20世纪90年代中后期,由于种种原因,我国男、女篮球队在国际大赛上成绩不断下滑。

3.改革创新发展时期(1995—2016年)

1995年,篮球界在国家体委"坚持正确方向、抓住有利时机、继续深化改革、发展体育事业"的精神指导下,坚持"积极稳妥、健康有序"的改革方针,抓住了外商注资推动我国篮球运动发展的合作机会,在1996年举办全国甲联赛的同时,举办了由中国前卫体育协会队、吉林队、北京体育师范学院(现首都体院)队、上海交通大学队等八个省市代表队、部队代表队、学校代表队参加的男子"职业"篮球联赛,当时称CNBA职业联赛。这是我国篮球运动职业化联赛标志性的第一步,虽然由于种种原因暂停,但为未来篮球运动职业化奠定了的重要基础。

中国篮协决定进一步对竞赛制度进行改革,经过多年的探讨,决定举办中国篮球职业篮球联赛即CBA联赛,这无疑直接锁定了风向标,将篮球运动作为一种职业,这也表明了政府为我国篮球事业发展的决心。竞赛制度是改革的第一步,将全国男子篮球甲级联赛赛制作为切入点,以职业化、产业化的模式为发展方向,加速篮球改革进程。1995—1996赛季我国CBA男子篮球联赛拉开了中国篮球职业化改革新篇章。1997年中华人民共和国国家体育总局成立了篮球运动管理中心,在管理体制改革上迈出了坚实的一步。经过数十年的改革发展,我国球员走出国门,姚明、王治郅、巴特尔、刘玉栋等球员的出色表现,使我国篮球竞技水平达到了一定的高度,也推动了篮球文化的发展。从一开始聘请国外优秀篮球运动员和教练员,到如今的聘请体能训练师和训练团队,充分体现了我国对篮球运动认识的不断提升,这是篮球改革发展的第一步,我国球员在国内就能接触到高水平技术和执教水平的同时,也学到了先进的训练理念,感受到国际顶尖篮球运动员的培养环境。一系列举措加快了我国篮球运动职业化、商业化、产业化和社会化的进程,CBA也成为一种品牌效应,成为无数企业渴望树立品牌形象的平台。

1998年中国大学生体育协会在企业资助下组织了中国大学生篮球联赛简称(CUBA),篮球运动在高校迅速发生了化学反应,各个高校纷纷组建球队报名参赛,同时CBA与CUBA相对接,让那些具有良好运动天赋并且热爱篮球的大学生运动员能够进入中国篮球的最高级别联赛。CUBA也逐渐成为我国篮球运动人才重要的后备力量基地。而后又相继出现了篮球学校、训练中心、培训班等社会形式。

4.姚明主政篮球改革时期(2017年至今)

2017年2月23日,中国篮球协会第九届代表大会举行,姚明全票通过正式当选中国篮协新一届主席。姚明上任后,他提出双国家队、小篮球、职业联赛改革、体教融合等,对篮球事业做出了巨大的贡献。

2017年5月开始实施中国男篮双国家队的模式,中国队是2019年男篮世界杯的东道主球队,不用参加预选赛,这给双国家队创造了良好的机会。也是双国家队政策实行的重要背景。"国家队只能有一支,但是国家集训队可以分成两支"这一新模式也是希望通过两队的竞争培养更强的国家队。只有在两队实力较为均衡的基础上才能够在竞争中不断得到提高与锻炼,也能使更多的球员参加和感受国家队训练的氛围。除两队队员实力均衡以外,两支国家集训队的教练组均以中方为主外方为辅的形式组成中外结合的国际化复合型教练团队,实行队委会领导下的主教练负责制。中国篮协也给两位主教练最大的自主权,也给两支队伍同等的保障标准,两队也将通过训练再次经过选拔组建成一支备战世界杯以及2020年东京奥运会的国家队。这一模式和过去相比,由于集训的人员增加,能给予球员更多代表国家队参加世界最顶尖赛事的机会,也能够发现更多有潜力或适合国家队体系的球员、这对教练员来说也是不小的挑战,不仅要站在多角度对球员进行对比分析,综合判断,选出最适宜的球员,还要顶住代表国家参战的压力。球员们在这种模式下,一方面会有参赛的压力,另一方面也是建立自信心和弥补自身不足的机会。2015年10月国际篮球联合会(简称国际篮联)公布了全新的竞赛系统,将世界杯预选赛由赛会制改为了主客场制,赛程加长对运动员来说可能有了更多锻炼的机会,但是对于俱乐部来说,无疑要承受更大的压力而如今双国家队的出台,相当于每次只有预选赛任务的半支国家队在参赛,俱乐部的压力也随之减轻。

2016年9月22日,在济南举办了中国男篮职业联赛公司成立筹备会议暨CBA公司股东大会,会上推选产厂CBA公司的董事会和监事会,这也是CBA联赛实现管办分离标志性的一步。自1995年中国篮球职业化以来,CBA联赛从最初的12支球队,发展到现在的20家俱乐部,从一开始的举步维艰到如今的商业化模式,发生了天翻地覆的变化。但是随着联赛体系、规模的不断发展、各个主体间的分歧越来越大，特别是篮协和俱乐部的矛盾日益激化，由于代表的身份不同，凸显行政管理和市场需求不一致的矛盾。俱乐部认为由于自身资金的投入，使得球队得到了良好的发展，得到相应回报的同时，应该拥有更多的权利，包括对球队的规划、管理等。中国篮协作为行政管理部门，对于放权问题进行过多次讨论，但是仍然没有得出一个确切的结论。这次的济南会议，实质就是践行体制改革"两步走"的方案，包括中国篮协、20家俱乐部在内的21家股东，投票选出了CBA公司首届董事会和监事会成员。中国篮协作为大股东，推荐国家体育总局篮球运动管理中心副主任李金生担任CBA公司董事长和法人，CBA俱乐部以无记名投票的方式选出上海东方俱乐部投资人姚明担任副董事长。CBA公司的成立，是中国篮球管办分离的重要一步。是第一次从法律意义上明确，所有俱乐部加起来从利益关系上是一个主体，中国篮协相当于在形式上承认了俱乐部的投资者是这个联赛的投资主体。CBA公司的成立虽是中国篮球体育改革的一小步，却是中国篮球运动向前发展的一大步，未来还有很长的路要走。

2017年6月12日，中国篮球协会举行《小篮球规则》研讨会，姚明在会议上提出，中国篮协出台的《小篮球规则》具有引导青少年对篮球的兴趣，参与习惯的养成和教育的功能。发展"小篮球"，一方面是为改善目前中小学体质健康问题，让学生能够走出教室，远离手机，参加体育锻炼，推动青少年体质健康发展。另一方面是为中国篮球事业筑基培元，从小培养孩子对篮球运动的兴趣，目的是培养出更多优秀的篮球运动人才和体育人才。这一规则不仅让更多的青少年参与到篮球运动之中，也使得年轻人从篮球这一集体性球类比赛中体验到团队的合作、个人的努力和成长的挫折等，对人格的培养起到了非常大的作用。据统计，目前在篮协注册的"小篮球"项目参与者数量已经超过10万人，为我国篮球事业发展打下了良好的基础。

姚明提出没有体育的教育是不完整的，要做到体教融合。2020年两会期间，姚明建议将专业运动员全纳入义务教育体系，他指出"没有体育的教育是不完整的，离开教育的体育是不牢固的"。姚明建议，要建立涵盖基础体能、专项体能、专业技能、专业竞赛的社会化体育教学体系。扭转学校体育课"重体能、轻技能"的趋势，要将适龄体校学员、专业运动员全部纳入义务教育体系，提升专业运动员的人文素质、科学素质。体育除了锻炼身体还可以培养意志品质、团队合作能力、沟通能力等。同时,姚明认为体育具有社会属性,赛场也是一个小社会,家长支持孩子参加体育竞赛会令他们有成就感,孩子也需要在赛场上学会和同伴沟通,与同伴协作,这对于他们将来步入社会具有良好的作用。目前有关部门已经出台了相关文件,其中对于体教结合以及体教的深入融合都有了要求。姚明提出的体教融合,对于体育教育复合型人才的培养起到了重要的推动作用。

二、中国篮球运动的展望

(一)群众性篮球进一步普及

1995年8月29日颁布的《中华人民共和国体育法》指出:"国家发展体育事业,开展大众性体育活动,提高全民族身体素质。"这一规定的出台,确定了中国的体育事业是为人民服务的。篮球运动由于简便易行,富有趣味性、健身性和教育性等功能,受到了国家层面的重视,在全国各地、各大团体中迅速开展起来,成为广大人民群众喜闻乐见的体育项目。

大众篮球运动是由竞技篮球运动演变而来的,相对于竞技篮球运动而言,大众篮球运动减少了其激烈的对抗性,多了健身性和趣味性,使得人们在运动过程中受伤的情况显著减少,这也促进了大众篮球运动的发展。在体育强国、健康中国的背景下,大众篮球运动得到更好的发展,随着人们对于健康的重视,人们不会参与大强度的锻炼,相反是采取更具有趣味性的项目达到健身的目的,而大众篮球运动就非常符合这一目的,更加注重健身性。篮球场地与日俱增,让更多人得以参与篮球运动,从而更好地推动篮球运动的普及。

(二)学校篮球运动成为素质教育改革的先导

目前我国各级各类学校都在积极开展篮球运动。在素质教育的思想下篮球运动在校园内受到欢迎,学校都配备硬件配置,这对篮球运动在学校的展开提供了便利条件。在未来的校园篮球运动中,篮球教学应体现出"素质教育"的理念,以丰富、灵活的教学内容和教学形式,激发学生学习兴趣、运动热情,增加对场地、师资力量以及教学管理等方面的投入,以篮球为龙头,带动各项体育工作的全面发展。通过篮球运动让学生学会健康向上、团结协作、勇于进取的篮球精神,培养健全人格,促进全面发展。同时创新学校篮球教学使学校篮球成为素质教育改革的先导。

(三)竞技体育职业化程度不断提高

虽然目前我国篮球职业化已经成型但是和世界强队相比,还是有一定差距。随着现代篮球的快速发展,对于职业篮球运动的认识也在不断地改变,以前认为篮球是巨人的运动,各个位置都需要身材高大的运动员,但是这种情况在现代竞技中现已不是制胜的决定因素。技术全面且有独特风格,速度快灵活多变、适应全队体系的高大球员成为新时代竞技篮球体育的佼佼者。从目前的情况来看,传统观念认为的身材高大的球员就应该打内线的观点逐渐被否定,很多球员有着内线球员的身高去打后卫或者前锋,凭借身高还具有一定的优势,美国NBA明星杜兰特就是典型的代表。从近几年的重大比赛来看,中国队的弱点在于基本功不扎实,投篮不稳定、身体对抗不具有优势。究其原因,一方面是在先天条件上,身体弱于西方人;另一方面是由于后天的重视不够。从近几年的女篮比赛来看,其比赛风格趋于向男篮风格发展。打法强硬,并拥有顽强的斗志和作风,因此取得了不错的成绩。自从我国将篮球职业化发展以来,推动了篮球竞技水平的提高,也为市场化提供了众多的商业品牌,中国篮球职业化进程将不断提高。

(四)篮球运动竞技后备人才培养更加完善

篮球竞技后备人才的储存数量和发展水平是未来篮球运动发展的源泉和关键所在。目前,我国竞技体育后备人才培养最主要的途径是体育系统。在现有体制下,通过多年实践的发展以及经验累积,在竞技体育后备人才培养方面体系较为完整,运行较为稳定。在三级训练体制中,目前还是通过专业队训练进入我国职业篮球运动的占绝大多数。在国家政策支持下,未来我国篮球运动竞技后备人才向多方面发展"体教结合""清华模式"等,将成为篮球竞技后备人才培养体系中有益的辅助模式。篮球竞技后备人才也将建立一套适合我国国情和篮球人才培养规律的体系,推动我国竞技体育快速发展。

(五)打造中国特色篮球文化

篮球运动是人类文明发展的产物,是野蛮运动过渡到文明运动的重要标志之一,有着极强的文化感染力,打造一个具有中国特色的体育文化体系势在必行。在篮球工作中树立科学发展的观点,将以人为本作为出发点,篮球发展的主题全面围绕人展开。只有这样篮球运动的可持续发展才会有根本保证,才能建立与中国实际相适应的篮球文化。我国篮球工作者要致力于探索新形势下篮球运动的发展道路,加快社会化、产业化进程,始终以科学发展观统领全局。我国的篮球运动要顺应时代的要求,坚持"引进来"和"走出去",用符合国际发展趋势和项目规律的眼光来审视和规划其发展未来,丰富中国篮球运动审美观的内涵,打造中国的特色篮球文化。

(六)篮球科学研究更加深入

篮球科学研究是篮球运动发展的重要因素之一,是为了揭示篮球运动的本质和规律而进行的活动。在篮球运动实践中遇到新问题,篮球科研能够提供新思路和解决办法,为篮球运动的不断发展提供方法论的指导。多年以来,我国一大批体育工作者对篮球进行研究,相继发表了一系列重要研究成果。随着资金的支持和研究成果的不断完善,已经形成了篮球科学研究体系,在此基础上发现新问题、探索新问题,包括篮球运动管理、体制、赛制等研究、篮球产业发展等研究,为篮球运动的不断发展提供可靠依据。造就了一批从事篮球训练和教学的科研队伍,推动了我国篮球理论和实践的发展。未来的篮球科研会与篮球实践联系更加密切,以篮球实践为基础,在理论层面探求解决之道。

(七)加强与国外篮球的交流与合作

中国的篮球运动的引进与开展,是一种文化的学习和交流的过程,在接收这种文化形式的同时,如何更好地"引进来",并以自己的方式发展篮球这项运动,再更好地"走出去",是提高我国篮球运动各方面水平的必经之路。

文化差异是一个大的背景,东方更加强调集体主义,不仅体现在生活中,在篮球运动中也是如此,西方着重于个体主义,认为凭借个人的力量能起到颠覆性作用,这种文化差异源自中西方悠久的历史发展,这也是导致东西方篮球运动差异的重要因素。西方国家特别注重个人能力的发展,认为必须在个人能力强的基础上提高其他能力,因此培养大批个人能力突出的篮球运动员。而中国篮球运动强调团队协作能力,认为团队的力量要大于个人,所以注重集体配合和整体实力的提高。

身体素质是另一个方面,西方球员身材高大、爆发力强。中国球员身材相对弱小、爆发力不足,再加上西方球员追求快速爆发力量体现人体力量美,中国球员追求技巧美,导致在身体素质方面有着明显的差异。在这一基础上,中国篮球的发展应以目前的文化为出发点,以集体篮球为出发点,努力提高球员

的个人水平和身体素质,培养更多篮球人才。

三、新时期篮球运动面临的任务

第十三届全运会开幕前夕,中共中央总书记、国家主席、中央军委主席习近平在天津会见了全国群众体育先进单位、先进个人代表和全国体育系统先进集体、先进工作者代表以及在本届全运会群众比赛项目中获奖的运动员代表并发表了重要讲话。习近平强调,体育承载着国家强盛、民族振兴的梦想,体育强则中国强,国运兴则体育兴。我国篮球运动在新时期也面临以下新任务。

(一)全面深化改革、发展篮球事业

当前我国各行各业都面临改革,以适应社会的不断发展。篮球运动也不例外,随着篮球技术的提高、人们对篮球认识的加深以及大众对篮球审美需要的变化,迫使篮球运动全面深化改革以适应其发展并不断推进体育社会化、产业化进程。篮球运动的改革迫在眉睫,传统的发展模式已经不能适应当前的需要,以竞技篮球为首的篮球运动需要催化剂,体育与教育等问题不断提出,体育复合型人才的培养还需进一步发展,篮球事业发展未来可期。

(二)提高训练科学化水平

随着对篮球训练认识的不断加深以及现代科技的应用,打破传统的练习方法和手段,高效率、科学的训练方法在篮球训练中使用并取得了良好的效果。在这个大数据时代,传统认知已不能满足现代篮球对数据分析的需求。为了更进一步探究篮球运动规律使运动员在比赛中能有更好的表现,必须以科学的训练促进运动员的提高,使其能够长期保持高水平竞技状态,而不是昙花一现,我国篮球运动还需训练科学化水平的提升。

(三)努力培养篮球运动人才

篮球运动的开展离不开广大人民群众的支持,近年来,随着政府对体育运动的高度重视,无论是在篮球基础设施的投入,还是在篮球运动的传播力度上都有了显著提高,我国篮球运动普及率明显上升,篮球运动人才增加。在此基础上,要做好篮球运动人才的选拔、训练等工作,一方面带动全社会的整体篮球运动水平,另一方面为我国篮球运动和体育事业作出应有的贡献。

(四)继续推进篮球职业化

继续推进篮球职业化改革,体现在多个方面,例如,篮球运动员的职业化

对于工资、保障、应遵守的规定、需要达到的标准等做出明确规定；裁判员的职业化，对于裁判员的培训、工资福利待遇、赛后保障等作出明确规定。篮球职业化进程不能纸上谈兵，要通过实际可操作的步骤进行。要不断完善竞赛体系，联合地方，建立新的篮球联赛，共同推动篮球职业化新格局。

(五)加速发展篮球产业

随着我国CBA联赛的顺利开展，篮球产业化以CBA为龙头形成链条式发展、各省市按照CBA为模型建立俱乐部、开发竞赛体系，从目前的情况来看，CBA的发展有着较好的经济效益，带动了整个篮球市场的发展，也使篮球市场充满了活力。在新时期，要充分发挥篮球的经济效益，在产业化发展的基础上产生社会效益推动社会的进步，在这个过程中形成篮球文化，推动篮球文化的繁荣与商业的有机结合。

第二章 高校篮球课程思政实施背景

第一节 高校篮球课程思政建设背景及意义

2016年12月,习近平总书记在全国高校思想政治工作会议上强调指出:"各门课都要守好一段渠、种好责任田,使各类课程与思想政治理论课同向同行,形成协同效应。"[①]2017年2月,中共中央、国务院印发《关于加强和改进新形势下高校思想政治工作的意见》,强调要"坚持全员全过程全方位育人,把思想价值引领贯穿教育教学全过程和各环节,形成教书育人、科研育人、实践育人、管理育人、服务育人、文化育人、组织育人长效机制"[②]。2018年9月,习近平总书记在全国教育大会上再次强调:"要把立德树人融入思想道德教育、文化知识教育、社会实践教育各环节。"[③]2019年9月,教育部出台《关于深化本科教育教学改革全面提高人才培养质量的意见》(教高[2019]6号),提出:"把课程思政建设作为落实立德树人根本任务的关键环节。"[④]2020年5月,教育部颁布《高等

---

① 习近平. 把思想政治工作贯穿教育教学全过程,开创我国高等教育事业发展新局面[N]. 人民日报,2016-12-09.

② 中共中央、国务院印发《关于加强和改进新形势下高校思想政治工作的意见》[EB/OL]. [2019-08-14]. http://www.gov.cn/xinwen2017-02/27content-5182502.htm.

③ 习近平出席全国教育大会并发表重要讲话[EB/OL]. http://www.gov.cn/xinwen/2018-09/10/content-5320835.htm.

④ 教育部关于深化本科教育教学改革全面提高人才培养质量的意见[EB/OL]. [2019-09-29].http://www.moe.Gov.cn/srcsite/A08/s7056/201910/t20191011-402759.html.

学校课程建设指导纲要》指出,课程思政建设要在所有高校、所有学科专业全面推进①,至此"全面推进高校课程思政建设"工作全面展开。为深入贯彻落实课程思政这一精神,每个高校教师都应积极探索,敢于创新,让课堂教学成为思想政治传播的主渠道,培养更多的德智体美劳全面发展的人才,更好地落实新时期的教书育人工作。作为学生喜爱的课程之一,高校篮球课程理应在教学过程中充分利用自身特点来提高学生的身体素质,锤炼意志品质,培养团队意识,发挥其育人的作用,把学生培养成为德智体美劳全面发展的新时期社会主义事业建设者和接班人。

课程思政基于对教育规律、思想政治教育规律、人的成长成才规律的揭示与把握,从"育人"本质要求出发,进一步强化"以人为本"的思想,是新时代教育课程理念的创新和升华。课程思政不是一门具体的课程,它是把高校思政教育的功能贯穿到所有的课程教学活动中,实现专业课的知识教育和思想政治教育的融合,既教书又育人,在日常教学中对学生进行世界观、人生观和价值观教育。课程思政指以构建全员、全程、全课程育人格局的形式将各类课程与思想政治理论课同向同行,形成协同效应,把"立德树人"作为教育的根本任务的一种全新的综合教育理念。

课程思政突出体现以人的全面发展为根本目的,以思想道德素质为核心和灵魂。在专业课程教学过程中要有目的、有计划、有实效地对学生进行思想政治教育,设计课程教学时,教书育人的中心目标有所变化,把育人作为课程教学的目标放在首位,并与专业发展教育相结合。在不改变专业课程原有属性的情况下,充分发挥课程的德育功能,运用德育的学科思维,提炼专业课程中德育基因和文化元素,在日常的知识学习中融入更高层次精神指引,将"立德树人"渗透到知识、经验或活动过程中,使其成为一种思维方式。

课程思政是学生思想道德修养的一种载体,教师在传授课程知识的同时,引导学生将所学的知识德育元素转化为内在德行,转化为自己精神系统的组成部分,转化为自己的内在素质和能力,用来认识和改变世界,提高参加社会实践和服务社会的能力。即所有课程的知识体系都体现思政德育元素,所有教学活动都肩负起立德树人的功能,全体教师都承担起立德树人的职责,通过

① 教育部关于印发《高等学校课程思政建设指导纲要》的通知[EB/OL]. [2020-05-28]. http://www.moe.gov.Cn/srcsite/A08/s7056/202006/t20200603-462437.html.

课程思政达到把大学生培养成为社会主义事业合格接班人的作用。

2014年8月15日,习近平总书记到南京青奥村看望中国体育代表团时指出:"三大球要搞上去,这是一个体育强国的标志。"①足球、篮球、排球俗称"三大球",是全球化开展的运动项目,竞技水平高,参与普及面广,社会和市场影响力大,在一定程度上代表一个国家体育发展的综合实力。新中国成立以来,党和政府高度重视和关心"三大球"发展,但是受到多方面主客观因素的制约,当前我国"三大球"发展水平与党和政府的要求、人民群众的期待还有明显的差距。篮球是世界上拥有重要影响力的一项体育活动,深受我国人民群众的喜欢,习近平总书记的重要论述,也为我国篮球运动的发展指明了方向,要牢牢抓住体教融合、体卫融合和乡村振兴的战略机遇,扎实推进高校篮球课程的改革与发展。

高校篮球课程思政建设,是发挥本课程独特育人价值与作用的重要手段。课程思政强调要将高校课程思政教育融入各类课程教学和改革的各环节、各方面,实现立德树人、润物无声②。在此理念引领下,高校篮球课程思政建设不仅要树立健康第一的教育理念,帮助学生在教学实践中享受乐趣、增强体质、健全人格、锤炼意志,还要将价值塑造、知识传授、能力培养相统一,融入教学全过程。目前,高校的篮球课程的教学都是分为理论部分和实践部分,而实践部分占整个篮球课程的绝大部分,而作为育人部分则更多的是从实践部分中得到体现。通过查阅资料和实地调查发现,大部分高校篮球专业课实践部分达到整个课程的百分之八十以上,而公共体育课篮球选项课中的实践部分甚至达到整个课程的百分之九十以上,篮球课程作为体育教学中的一个载体,在严格的行为规范和规则要求下,呈现给社会和公众的是公平、公正、公开为核心的价值体系和价值标准,从世界篮球运动的开展来看,篮球所体现出的价值已经得到全人类的认可。教师可通过自身的学识、阅历、经验并结合学生的实际水平,高效利用好篮球教学这个平台来帮助学生形成正确的世界观、人生观、价值观,激发他们对知识的向往、真善美的认识和追求,从而形成合力,使学生的思想品质、爱国情怀、理想信念通过篮球教学过程来得到提升。

---

①《"三大球"要搞上去,这是一个体育强国的标志》,《中国体育报》2017年1月20日。

② 中共中央组织部.贯彻落实习近平新时代中国特色社会主义思想在改革发展稳定中攻坚克难案例——社会建设[M].北京:党建读物出版社,2019:61.

第二节　在制度层面坚持完善高校课程思政体系的建设

课程思政体系的建设是关系课程思政建设成败的中心环节,探索建立从课程思政教学模式、教学内容到长效保障机制三位一体的课程思政体系是实现课程思政制度化建设和创新发展的重要内容,新时代推进高校课程思政建设必须牢牢把握课程思政体系建设这一中心环节,推动高校课程思政建设不断向制度化体系化稳步迈进。

一、要推动实现课程思政教学模式制度化建设

课程思政教学模式是关系课程思政教学效果的基础性制度建设,如何实现课程思政教学模式更新是关系高校课程思政教学如何开展以及怎样开展的关键环节。推动实现课程思政教学模式制度化建设,就是要牢牢把住课程思政教学这一中心任务,不断使课程思政的教学模式推陈出新,深入推进课程思政教学模式的制度化体系化建设,坚持以制度化的课程思政教学模式引领新时代高校课程思政实现健康有序发展,不断开创新时代高校课程思政教学模式的制度化建设新局面。

二、要不断促进课程思政教学内容的创新发展

创新是一个民族进步的灵魂,是一个国家兴旺发达的不竭动力。如何在进行专业知识传授的同时,实现课程思政教学目标,要求新时代高校必须不断促进课程思政教学内容的创新发展,深入挖掘各专业课程内思政教育资源,实现各专业思政教育资源的创新呈现,拉近各学科专业同思想政治教育的距离,融合各学科专业内容优势和课程思政教学形式,不断探索实现从课程思政教学内容质量和形式的创新发展。

三、要探索建立课程思政运行的长效保障机制

在制度保障方面,推进新时代高校课程思政建设必须探索建立长效保障机制的制度保障措施,通过制定并出台相应的规章制度,从规制上规定和规范课程思政运行的长效保障机制;在组织保障方面,要积极探索强化高校各级党

组织充分发挥其在高校课程思政运行的长效保障机制中的领导和保障作用；在人才保障方面，要不断发现和激励课程思政教学活动中的优秀课程思政教师，要坚持物质激励和精神激励并行的人才激励方式，不断激发各学科专业教师对课程思政教学的热情，实现课程思政人才队伍的良性发展；在监测评估方面，通过建立对课程思政教学效果与教学内容相结合的监测评估机制，促进课程思政教学标准的进一步可测量化、可监测化，助力课程思政运行长效保障机制的逐步建立。

四、执行层面积极贯彻党和国家的各项方针政策

新时代高校课程思政建设除了在制度层面的体系化建设，同样离不开执行层面对党和国家的各项政策予以积极的贯彻落实，要坚持高校课程思政建设的过程中始终坚持党的领导，同时要充分发挥高校教师在课程思政教学中的重要主导作用，积极探索各专业课的立德树人功能。

(一)必须牢固树立党在课程思政建设中的领导地位

高校是贯彻党和国家各项教育方针政策的主体，是践行立德树人根本任务的重要平台，党的领导是推进课程思政建设的根本保证。推进高校课程思政建设必须坚持党在课程思政建设中的领导地位，通过不断加强党在高校思政课程建设中的领导作用，不断强化高校教师队伍中党组织的建设，以党的政治建设为统领，不断加强教师队伍中党的思想建设、组织建设、作风建设、纪律建设，以制度建设贯穿其中，扎实推动高校教师队伍党组织建设从宽松向严谨落实，突出党组织建设在高校教师队伍建设中的首要作用，充分发挥党组织在高校教师队伍中的组织功能，以巩固党组织在高校课程思政建设过程中的战斗堡垒作用。

(二)必须充分发挥课程思政教学中的教师主导作用

高校课程思政建设的关键在于充分发挥教师在课程思政教学中的主导作用，不断激发教师的积极性、主动性、创造性，积极鼓励广大教师在课程思政教学中勇于探索，大胆实践，不断创新课程思政的教学方式和教学手段。教师要守好各自的一段渠，种好各自的责任田，积极拓展不同学科与马克思主义基本原理的联结点、交叉点，鼓励学生树立崇高的理想信念，启发学生把对科学理论的学习和对现实社会的认识紧密联系起来，积极引导广大学生用马克思主

义基本原理能动地认识世界、改造世界,教育引导广大学生树立鸿鹄志,勇做奋斗者,争当追梦人。

(三)必须积极拓展各学科专业课程的立德树人功能

要坚持智育教育和德育教育相结合,在充分开展各专业理论课教育的基础上,深入发掘各专业课程中蕴含的德育教育资源,不断拓展各学科专业课程的立德树人功能。新时代推进高校课程思政建设必须牢牢把握住如何更好地培育和弘扬社会主义核心价值观这一工作重心,寓价值观引导于知识传授之中,在充分发挥专业课程的科学知识传授功能的同时,不断研究隐性教育的传播规律,不断探索显性教育向隐性教育深化的路径,注重用新技术、新方法、新形势把课程思政的课堂丰富起来,各专业课教师要有立德树人意识,要用科学的知识教育人,用正确的价值引导人、用严密的逻辑说服人,用生动的故事启发人,要运用科学精神人文精神熏陶学生,实现润物无声的效果。

第三节 高校篮球课程思政 建设社会主义强国

"教育是国之大计、党之大计"是习近平总书记站在我国历史发展新方位,对教育与党长期执政、国家长治久安关系提出的原创性重要论断[1]。高等教育发展水平是一个国家发展水平和发展潜力的重要标志[2]。培养什么人,是教育的首要问题。我国是中国共产党领导的社会主义国家,决定了现代教育的任务就是培养德智体美劳全面发展的社会主义建设者和接班人[3]。因此,高等教育发展必须契合国家大政方针,满足于人民发展、社会建设、国家治理的需要。"为党育人,为国育才"既是对"为谁培养人、培养什么样人"这一根本问题的深刻回答,同时也为新时代教育发展指明方向,成为新时代教育现代化发展的首要逻辑[4]。

党的十八大以来,面对世界百年未有之大变局,着眼于实现中华民族伟大

① 杨晓慧. 深入理解"教育是国之大计、党之大计"重要论断[J]. 中国高等教育,2020(22):12-14.

② 习近平. 在北京大学师生座谈会上的讲话[J]. 中国高等教育,2018(9):4-6.

③ 习近平出席全国教育大会并发表重要讲话[EB/OL]. [2018-09-17]. http://www.gov.cn/xinwen/2018-09/10/content-5320835.htm.

④ 陈亮,石定芳. 新时代高等教育现代化的政策逻辑与实践路径[J]. 高等教育管理,2021,15(1):97-106.

复兴的大局,党和国家把高等教育地位提升到新高度①。党的十九大报告提出,建设教育强国是中华民族伟大复兴的基础工程②,进一步把教育与建设社会主义现代化强国联系在一起。当前,我国已全面开启建设社会主义现代化强国的新征程。基于此,高校篮球课程思政建设需要围绕政治认同、家国情怀、文化素养、宪法法治意识、道德修养等各个方面提供教学资源供给,为坚定学生建设社会主义现代化强国的理想信念提供精神指引。

高校篮球教学的任务不仅仅是为实现"锻炼身体,增强体质"这一口号,更重要的是还应利用篮球这一课程教学对大学生进行思政教育和文化传承。在高校篮球的教学过程中,大学生能够通过篮球的学习懂得要遵守规则、相互帮助、相互鼓励、不怕苦、不怕累、勇敢顽强、持之以恒,感受到团队力量和团队的重要性,收获了自信,并在篮球学习过程中体验到更多、更直接、更实在的获得感、成就感、幸福感。也正是由于对学生的思政教育能够通过篮球教学这一平台得到体现,才使得篮球这门课程更具魅力。

第四节　高校篮球课程思政　深化教育教学改革

"坚持党对教育事业的全面领导,坚持把立德树人作为根本任务,坚持优先发展教育事业,坚持社会主义办学方向,坚持扎根中国大地办教育,坚持以人民为中心发展教育,坚持深化教育改革创新,坚持把服务中华民族伟大复兴作为教育的重要使命。"③这是习近平总书记站在发展中国特色社会主义、实现中华民族伟大复兴战略高度,对新时代教育改革提出的心思路、新理念,不仅指明教育发展的办学方向,同时也指出立德树人作为高等学校立身之本的重要性。

立德树人作为一种综合教育理念,是对我国数千年来教育传统创造性继承与创新性发展、是对中国共产党百年来思想道德建设和中华人民共和国成

---

① 刘国瑞. 中国共产党高等教育思想的发展逻辑与历史贡献——基于党执政以来的理论发展与政策实践研究[J]. 中国高等教育研究,2021(5):11−21.

② 习近平:决胜全面建成小康社会 夺取新时代中国特色社会主义伟大胜利——在中国共产党第十九次全国代表大会上的报告[EB/OL]. [2017−10−27]. http://www.gov.cn/zhuanti/2017/10/27content5234876.htm.

③ 人民论坛"特别策划组". 深入研读习近平总书记关于教育的重要论述[J]. 人民论坛,2019(6):6.

立以来教育改革发展经验的高度凝练和系统总结①。当前,"课程思政"成为新时代教育领域实现"立德树人"根本任务的重要抓手和着力点,也是课程与教学领域开展综合改革的重点方向和指南②。由此就要求高校篮球课程思政建设,一方面要用好课堂主渠道,多措并举地将思想政治教育融入专业教育,实现育人与育才相统一;另一方面必须以立德树人为根本,统筹课程思政各项工作开展,构建全课程和全过程的课程思政内容体系,实现课程思政育人的全课程覆盖③。

在教育改革事业快速发展的过程中,国家着眼于目前的教育教学成效提出了办好中国特色社会主义大学的育人目标,要求教师始终坚持立德树人的育人理念,关注对社会主义核心价值观的有效融入,积极优化教育教学的过程以及环节,始终坚持正确的教育理念。课程思政主要以传统思政课程为核心渠道,将实战性的思想政治内容融入课堂教学环节,确保一定的协同效益,构建完善的思想政治理论教育框架的体系。立德树人的目标以及全程育人理念的落实最为关键,教师一方面需要关注思想政治教育课程的改革,另一方面需要将思想政治的育人内容融入进课程中,鼓励学生主动学习理论知识,提升学生的思想道德素质以及水平。

篮球课程思政的改革创新较为复杂,学校应该主动调整育人思路及策略,关注学生的学习能动性。教师需要着眼于学生的学习兴趣,深入剖析课程思政的融入特点,研究篮球课程中思想政治教育元素的教育要求以及必要性。一直以来,我国十分注重立德树人理念的有效践行,在三全育人理念的指导下确保思想政治教育工作贯穿于整个学科教育教学的全过程。教师需要着眼于这一首要目标,灵活利用课堂教学实现思想政治课程与学科教学之间的同步进行,彰显一定的协同效应。高校篮球课程思政教学符合这一教育教学目标,对彰显学生的主体价值有重要的作用,有助于深化学生对篮球基本技能技术以及知识的理解及认知,发展学生的意志品质,让学生坚持正确的人生三观,

① 韩丽颖. 立德树人:生成逻辑. 精神实质. 实践路径[J]. 东北师范大学学报:哲学社会科学版,2016 (6):201–208.

② 赵富学,黄桂昇,李程示英等,"立德树人"视域下体育课程思政建设的学理释析及践行诉求[J]. 体育学研究,2020,34(5):48–54.

③ 石定芳,廖婧茜. 新时代高校课程思政建设的本真、阻碍与进路[J]. 现代教育管理,2021(4):38–44.

这一点是我国教育体制改革的重点以及核心。

篮球课程十分注重学生的身体健康成长及发展,文化科学教育、思想品德教育、生活体育技能教育都是课程教育中的重要组成部分,如果能够实现这几大育人板块之间的有机结合,那么对素质教育的践行以及人才培养模式的创新有非常关键的影响。篮球课程所包含的教育环节比较复杂,基本技术、战术体系、心理健康、运动健康、体能提升以及运动参与是重点,教师需要根据不同学段的教育教学目标,鼓励学生自主自觉地参与篮球运动。改善学生的心理和生理状态,让学生能够克服个人在学习和生活上的各种阻碍,始终坚持顽强的意志品质、良好的合作精神以及体育道德,自主参与社会实践,学会与他人构建良好的社交关系,真正体现课程思政在篮球课程中的融入作用及要求。

优质教学和精彩教学是教师基本功中的重要组成部分,传统的篮球课程教学过于注重学生的技能掌握,忽略了学生身体素质和心理素质的同步提升,思政教育工作不够理想。在新的时代背景下,课程思政备受关注,课程思政在高校篮球教学中的融合有助于改善目前的体育教学现状,实现教育教学质量的稳步提升。教师需要根据学生的健康目标以及社会适应目标,深化学生对篮球知识的理解,灵活利用篮球这一运动项目载体来吸引学生的注意力,促进立德树人育人目标的有效落实,确保课程思政理念的全方位融入。有效改善目前的教育教学现状,保证学生能够在自主学习的过程中变得更加主动和积极。

第五节　高校课程思政建设　践行教书育人使命

教师作为教育活动的主要依托,是履行教育职责的先行者、实践者,也是教学组织的主导者、管理者。在全面推进高等教育现代化建设的新时代背景下,教师队伍的建设和打造成为落实立德树人中心任务和全员育人教育方案的基础和前提[①]。由于以前的教育存在文化知识第一位而忽视了人的全面发展,导致社会上很大部分人对体育教师存在偏见,认为体育教师就是头脑简单,四肢发达,这也恰恰说明体育教师在思政教育方面对学生的培养不够,没能让学生认识到体育的育人功能,从而导致有些人对体育的误解,而现实中确

---

① 王天民,闫智敏.思政课程与课程思政协同运行:理据、契机与对策[J].教育与教学研究,2020,34(6):39-47.

实有些体育教师存在人文素养不高的现象,片面的教师只能培养片面的学生。专业课教师不仅要掌握丰富的专业知识和超高的专业机能,同时还要具备较高的道德意识和道德修养,更好地把握课程知识背后蕴含的社会价值,实现以德育人、以文化人。习近平总书记多次强调教师是立教之本、兴教之源,提出"办好思想政治理论课关键在发挥教师的积极性、主动性、创造性。"[1]

在此背景下,践行教书育人使命,必须提高思政教育能力。

教育的本质是培养人,既要引人以大道,启人以大智,也要树人以大爱,立人以大德。因此,教书育人、立德树人成为教师使命和职责。教师不仅要尽好传递知识、教授技能的职责,更重要的是履行育人使命。由此,高校教授篮球课程的教师必须要处理好课程中"知"与"德"的辩证关系,既要提高教学方法与技巧,更要挖掘整理课程思政元素与资源[2],有意识地将政治认同、家国情怀、宪法、法治意识等同专业教学中道德规则规范、精神价值、公平公正等内容综合起来,贯穿教育教学全过程,不断为高校篮球课程思政建设助力赋能。

教师思政教育意识的提升是教师在教学中开展思政教育教学的重要保障。教师自身的综合素质对教学的效果有着直接的影响,而想要在教学中有效地进行思政教育,就需要提升教师的思政教育意识,使他们真正意识到思政教育在人的全面发展中的重要性。教师要时刻牢记自己的责任和使命,要把教学目标和育人目标贯穿篮球课程教学的全过程当中。只有教师的思政教育意识提高了,他们才会在工作中勤于思考,刻苦钻研,在传授学生篮球知识技能和方法的同时,也会重视对学生的思政教育。

如果教师在篮球教学过程中只是片面地追求技术动作的完美和比赛的胜利,那么往往会导致他们所教的学生会为了成绩不择手段,甚至违背伦理道德,以伤害对手来达到目的。因此,要想成为新时代一名合格的教师,首先要转变教育观念,加强理论学习,拓展教师的知识面,完善知识结构,努力提升自我,在教学过程中做到知行合一。同时,教师还应加强继续教育学习,定期参加培训和专业技能、教学技能比赛等形式来提高专业技能水平和教学水平,通

---

① 张烁.用新时代中国特色社会主义思想铸魂育人 贯彻党的教育方针落实立德树人根本任务[N].人民日报,2019-03-19(1).

② 李在军,刘美,赵野田.课程育人:高校体育类专业课程思政特征、难点及应对策略[J].沈阳体育学院学报,2001,40(3):18-24,32.

过自身人格魅力来感染学生。再者,教师在制定课程目标时,一定要根据教学内容来设定育人目标,找到育人目标与知识目标和能力目标的切合点,且每一个教学目标和育人目标必须具有可测量性、可观察性和易实现性。

例如,在一节篮球课中制定的教学目标是提高学生的快速奔跑能力和快速运球能力,育人目标是培养团队合作意识。为完成课程目标,在篮球课程教学中,可以通过游戏比赛法来实现。首先根据班上的人数把学生分成人数相等的若干个小组进行运球接力比赛,各个小组在规则允许的范围内进行练习,看哪个小组在比赛中最先完成练习,最先完成比赛的小组获得冠军,并且给予一定的奖励(可以是口头的鼓励、表扬等),以此类推,大家就都知道自己的表现。获得成功的同学会有成就感,表现欠佳的同学就会认识到自己的不足,从而激发他们的内在动力。通过这种游戏比赛法的教学形式进行教学,将育人目标融入练习当中,既完成了课堂目标,又提高了学生练习的兴趣。

第六节　高校课程思政建设　促进人的全面发展

"课程思政承载思政、思政寓于课程",注重在思政教育和价值传播中蕴含知识底蕴,同时在知识传播中强调价值的导向作用[1],是课程思政理念的重要内涵。我国是一个崇尚道德的国家,道德的尽善尽美是个人及社会追求的终极目的[2]。因此,德育在我国教育教学中一直备受关注。课程思政不仅开阔以德育人的视野,拓宽思政育人的渠道,还要将修身立德贯穿于求知过程,促进"求知"与"立德"相统一,促使思政育人更具深刻性、专业教学更具德育性。因此,落实立德树人任务,必须贯彻课程思政理念。

在高校学习时期,学知识是其中一个方面,更重要的是一个成人成才的过程。学校教育育人为本,德智体美德育为先。德智体美是一个育人整体,大学的作用就是帮助大学生在自身成长过程中,修身立德,学习知识,培养能力,因而,各门课程要共振谐调,活跃思维,唤起学生对理论的内在需求;直面问题,因材施教,全方位促进学生健康成长;系统规划,协同努力,立德树人。课程思政应该尊重教育的本质规律,让教育成为教育,让教育回归教育。教师在教学

① 王海威,王伯承.论高校课程思政的核心要义与实践路径[J].学校党建与思想教育,2018(14):32-34.
② 卞敏.中华民族精神研究[M].北京:光明日报出版社,2008:59.

过程中应把知识教学与思想品德教育有机地结合起来,既注意挖掘教学内容的思想因素,克服只教书不育人的倾向,又要防止教学中进行思想品德教育的形式主义。要寓德育于教学之中,做到教书育人。

人的德性不是天生的,是人在后天的社会实践过程中形成的。道德内化应遵循大学生成长规律,社会道德转化为个体道德在道德内化形成和发展中起着支配作用,具有他律性和自律性,模仿学习和自我强化。教育者根据社会发展的要求和受教育者精神世界发展的现状,运用一定的方法和手段,以社会要求的思想品德规范去影响受教育者,解决学生思想品德水平与社会道德规范要求之间的差距,使学生的思想品德朝着社会期待的方向发展并不断提高到新水平。所以课程思政要尊重人的个体差异、尊重人的人格、遵循大学生的思想规律、行为规律开展思想政治教育,在知识传授的同时,启发大学生的自觉性,调动大学生的积极性,激发大学生的创造性,引导大学生求真、求美、向善,促进大学生思想道德素质的有效提升,全面提高大学生的综合素质,帮助大学生成为有道德修养的、有智慧的人。

人的成长规律要求把教育作为一项系统工程,要求教育尊重人、理解人、关心人,通过教育,传承人类的发展过程中所积累的文明成果,使学生以社会化、文明化的方式来生存。所以课程思政强化以个体的人为根本出发点,正视人的需要,教育的逻辑起点和终点都是有血有肉的人,课程思政坚持用正确的理论武装大学生的头脑,通过课程导人,做到关心人、理解人、开导人,利用课堂主渠道不断丰富大学生的精神世界,帮助他们树立正确的人生观、道德观、利益观等,帮助大学生正确认识和处理集体与个人的关系、当前利益和长远利益的关系、物质需要和精神需要的关系,要求教师在课堂教学中不仅言传更要身教,做到以行导人,强化课堂养成教育,做到管理育人,做到以事服人,对学生赋予真情实感,做到以情感人;发掘背景资源,做到以文化人。

新时代教育改革提出培养"德智体美劳全面发展的社会主义建设者和接班人",即是站在追求人的全面发展的高度作出的价值理性判断。当前,在高校传统教学模式中,不时有知识技能教学与思政育人相分离、育人与育才相脱节的现象。高校课程思政建设,是关系到培养什么样的人,如何培养人以及为谁培养人这一立德树人的根本问题,推进高校课程思政建设,办好新时代高校思政教育,必须坚持马克思主义在新时代高校课程思政建设中的指导地位,坚决贯彻以习近平同志为核心的党中央对高校思政工作的各项决策部署,坚决落实国家的各项教育方针政策。作为与德智体美劳深具内在关联的篮球课程,其课程思政建设应进一步以立德为引领,贯通并举,让学生自然浸润与德智体美劳五育之中,实现人的全面发展。

第三章　高校体育教育专业篮球专修课程思政实施体系

自20世纪50年代以来，中国体育教育专业受传统教育思想和体育思想的影响，走过了全面学习苏联的阶段，开始逐步结合中国实际，摸索建立符合社会主义体育教育实际的、相对稳定的、以培养中等学校体育师资为目标的体育教育专业人才模式。1986年，在《全国普通高等学校专业设置及毕业生使用方向介绍》中，设置师范类体育专业和体育教育专业。1998年7月6日，教育部颁布《普通高等学校本科专业目录》，体育教育专业隶属于教育学专业。

体育教育专业培养德、智、体、美全面发展，具有高度的社会责任感、较好的科学和文化素养，具备现代教育、健康理念，系统掌握体育学基本理论、基本技能和基本方法，富有创新精神，具备一定的体育科学研究能力，具有创业意识，具备一定的创业素质和创业能力，能够从事群众体育事业、竞技体育事业、体育产业相关工作的应用型人才。体育教育专业的学生必须掌握现代教育教学理论与方法，以及学校体育课程与教学、课外体育锻炼、训练水平和竞赛管理、组织的基本理论与方法，具备一定的运动技能和较强的体育教育教学能力，能胜任学校体育工作。

在体育教育专业的课程设置中，篮球专修课程是体育教育专业篮球专项学生的限选课，也是主干课程，在中国特色社会主义的新时代，篮球专修课程构建了立体化的目标、横向协同、纵向衔接、"知能行健导"内在统一、外在联合的课程思政体系，以挖掘优秀的传统文化、传承与弘扬主旋律、服务教育强国、文化强国、体育强国、健康中国建设为指向，突出中华优秀传统文化与课程结合的育人价值,培育学生家国情怀和敬业精神,提升学生的民族文化自觉意识,肩负起中华民族伟大复兴的重要使命。

第一节　体育教育专业篮球专修课程思政实施基本理念

一、践行"三全育人"教育理念,落实"立德树人"根本任务

高等院校肩负着为国家培养德智体美劳全面发展的建设者和接班人的重任,加强思想道德建设,引导学生树立正确的世界观、人生观和价值观,既是培养社会主义建设者和接班人的必然要求,更是教育教学"以本为本"、回归现实的举措。因此,体育教育专业篮球专修课程要适应新时代社会发展敌人需要,围绕"立德树人"的根本任务,坚持为党育人、为国育才,以弘扬中华民族传统体育文化和服务社会为使命,在培养目标、课程体系、教学内容、师资队伍、专业设施,以及管理方面加强专业内涵建设,把创新专业人才培养机制,培育科学精神、创新思维和能力、服务社会意识和责任贯穿于专业发展和教育教学的全过程,从而实现全员育人、全过程育人、全方位育人。

践行"三全育人"要注重顶层设计,构建以专业课程思政素养为核心的课程体系,以培养方案为抓手,通过不同模块课程组合,既遵循共性也凸显个性,构成专业的课程思政教学体系。同时要以培养目标中的思政要素为牵引,将专业培养目标、毕业要求、课程体系、课程建设与评估、人才培养、质量评估、师资队伍、职称条件等要素有机整合起来,构建全面的课程思政体系、课程建设与人才培养质量评估体系。

践行"三全育人"要形成评价体系,构建以专业培养目标与课程思政核心素养为指标的教学评价体系。课程思政要在"立德树人"教育实践中科学地贯彻实施并收到应有的效果,就需要构建具有前瞻性、客观性、刚性与柔性指标、教与学相结合的评价体系。教师评价可以从教材内容与知识点的体现、教学方法与设计、学生获得感与行为实践效果的过程性评价和终结性评价等方面进行考察。学生评价则以体育教育专业篮球专修课程的核心素养的内涵与表现水平、学业质量标准为依据,通过过程性评价与终结性评价相结合、定量评价与定行评价相结合的方式,检测学生的认知水平、价值判断能力、实践能力

等。总之,既要有原则性遵循,又要有专业化特点。

二、立足课堂,坚持"知识传授与价值引领相结合"

《高等学校课程思政建设指导纲要》指出:"落实立德树人根本任务,必须将价值塑造、知识传授和能力培养三者融为一体,不可割裂"[1],"高校教师的80%是专业教师,课程的80%是专业课程,学生学习时间的80%用于专业学习"[2],因此,"高校要明确所有课程的育人要素和责任,推动每一位专业课教师制定开展课程思政教学设计,做到课程门门有思政,教师人人讲育人"[3]。

课程思政的实践过程其实是教师与学生双方主体的互动过程,而国内外的社会思潮、问题热点与焦点等,都有可能对教师、学生产生一定的影响,进而影响到课程思政的实施效果和专业人才的培养成效。因此,坚持知识传授与价值引领相结合,每一位教师首先应增强政治自觉、思想自觉和行动自觉,深刻认识专业课程不仅要"授业",更要注重"传道"。以思政观引领课程及其教学方法改革强化育人意识、找准育人角度、提升育人能力,探索体育教育专业篮球课程思政教学的新思路、新方法,从而使知识传授更有温度、思想引领更有力度、立德树人更有效度。

坚持知识传授与价值引领相结合,需要教师拥有广博的知识储备、扎实的专业基础和积极的主观能动性。体育教育专业篮球课程中所蕴含的思政元素很多,但仍有大部分是隐性与零散的,这就需要教师去深入挖掘专业课程中的思政要素,并以超越专业课程本身发展的视角去审视,建构起篮球专业课程思政的教学体系和教学内容。在教学过程的设计中,深入研究课程教学内容中知识、技能与思政要素之间的合理关联,梳理脉络、找准切入点,按照专业课程教学的逻辑理路,以思政要素为人才培养点,以专业课程知识、技能为主线索,构建"思政要素—课程知识技能"点线融合、全面铺开的体育教育专业篮球课程思政人才培养体系。

① 教育部关于印发《高等学校课程思政建设指导纲要》的通知[EB/OL]. [2020-06-01]. http://www.moe.gov. cn/srcsite/A08/s7056/202006/t20200603-462437.html.

② 关于印发教育部高等教育司2018年工作要点的通知[EB/OL]. [2018-03-06]. http://www.moe.gov.cn/ s78/A08/tongzhi/201803/t20180327-331335.hyml.

③ 陈宝生. 在新时代全国高等学校本科教育工作会议上的讲话[J]. 中国高等教育,2018(Z3):7.

三、构建高质量的课程思政实施体系

围绕政治认同、家国情怀、文化素养、宪法法治意识、道德修养,结合体育教育专业篮球课程传承和学科专业特色,将社会主义核心价值观教育、法治教育和中华优秀传统文化教育、爱国教育等有机融入人才培养目标,深入推进课程思政建设。在篮球专修课程教学大纲中设计"课程思政"核心素材模块,形成课程育人目标的映射与支撑矩阵,将思政教育与专业教育有机融合,促进思政课程与课程思政同频共振。

在课堂讲授、教学研讨、考核评价等环节有机融入课程思政理念和元素。注重课程思政教学方法多样化,采取启发式、研究性、案例式等教学方法,推动课程思政与现代教育技术深度融合,同时,建设体育教育专业篮球课程思政资源库。聚焦课程思政建设中的热点、重点、难点,形成示范性强、可推广的体育教育专业篮球课程思政研究与实践成果。

开展专题培训,通过岗前培训、在岗培训和教学能力提升等专题培训,提升教师课程思政素养。依托高校课程思政建设工作委员会、课程思政教学研究中心、院系基层教学组织等平台,以及名师大讲堂等载体,开展课程思政经验交流、现场教学观摩、教师教学培训活动。开展各类教学比赛活动,探索课程思政建设新路径。举办课程思政专项讲课竞赛、教学设计竞赛,以赛促教、以赛促建、以赛促学,持续提升教师思想政治理论素养,锤炼课程思政教学技能。树立课程思政育人典型,加强课程思政名师和团队建设,建立课程思政集体备课制度,增强教师课程思政意识和能力。

强化日常教学监控,将课程思政要求纳入督导听课、学生评教的指标体系,进一步完善教学质量评价制度。创新课程思政育人成效考核,推动教师精心设计课堂讲授、课堂讨论、实验实训、课后作业、开放性考题等,全面考查学生的理解度与接受度。探索建立课程思政教学评价的正向标准与负面清单,推行教师教学反思制度,评选优秀教学反思案例,建立体育教育专业篮球课程育人成效评价制度、教材选用和课程教案审查制度等,推进思政元素有机融入课程、教材、教案的良好格局。

第二节　体育教育专业篮球课程思政培养目标

一、总体目标

体育教育专业篮球专修课程的培养目标是以《高等学校体育类本科专业教学质量国家标准》人才培养的具体要求,以及体育教育专业篮球课程具体培养目标为依据制定的,主要包含四个要素:①系统掌握篮球运动基本理论知识。学习和掌握篮球运动的起源、发展、特点、规律及其历史演变与发展趋势的理论和知识;了解篮球运动基本技术、基本战术的分类方法,掌握篮球运动基本技术、基本战术的原理、方法和运用要求;学习和掌握篮球运动的教学、训练原则以及从事篮球教学、训练工作的基本理论知识;学习和掌握篮球运动专项身体素质的特点以及专项身体素质训练的内容、方法与要求;学习和掌握篮球运动竞赛组织和编排工作以及篮球竞赛规则与裁判法方面的基本知识。②进一步提高篮球运动基本技术、战术水平。准确掌握篮球运动各项基本技术的动作方法和要领,并能在实践中恰当、灵活地运用;准确掌握篮球运动各项基本战术的形式与配合方法,并具备较强的实战运用能力。③系统掌握篮球运动教学、训练和竞赛组织与裁判工作的基本技能。具备讲授篮球技战术理论知识的能力,能够正确地制定篮球教学及训练工作文件,能够规范、准确地示范篮球运动的主要技术动作,能够合理地运用教学原则和教学方法组织篮球教学和篮球训练,能够准确地观察、分析和纠正错误的篮球技术动作。④学习和掌握篮球运动的科研程序和科研方法。掌握篮球运动的科研程序、基本科研方法和论文撰写格式及要求,学会查阅、整理和分析文献资料。

因此体育教育专业篮球课程思政的培养目标应该在"专业核心素养"和"社会主义核心价值观"两个维度进行融合。具体表现为:通过篮球专项系列课程的教学,对学生进行正确人生观、思想道德品质及职业道德教育,培养学生爱国、敬业、进取精神以及团队意识和职业素质,使学生具有健全的人格和良好的心理素质,培养社会主义事业的接班人。

二、具体目标

根据体育教育专业篮球专修课程的培养目标,可分解为下表内容:

一级目标	具体内容	目标内涵
理想信念	国家自豪	把个人的前途命运与国家兴衰存亡相联系,树立国家利益高于一切的积极心态,增强对中华民族强烈的自豪感、归属感和忠诚感
	民族包容	理解差异、包容个性、交融学习、增强民族尊重,维护民族团结、社会稳定和国家统一
	历史尊重	重视历史、探究历史并贴近历史和还原历史,树立起科学的历史认识观、历史传承观和历史学习观
	文化认同	坚持对中华民族优秀文化的敬重与肯定,增强文化自信,并积极推动优秀文化与现代社会的衔接、融合与适应,激活中华文化的生命力,树立文化自觉观念
教育素质	师德修养	爱国守法,爱岗敬业,依法履行教师职责权利和义务,遵守教师职业道德规范和职业操守,积极参与国家和社会事务,以"四有"好老师为奋斗目标
	文化基础	专业知识丰富,人文底蕴深厚,富于科学探究精神,具备一定的教育教学和科学研究能力,语言表达和组织能力,具有班级指导的初步经验,能够在教育实践中尝试进行德育渗透和开展健康教育
	责任担当	热爱教育事业,育人为本,为人师表,认真落实立德树人的根本任务,为培养现代化建设人才尽职尽责,树立献身教育的坚定信念
	育人情怀	能够遵循学生身心发展特点和教育教学规律,因材施教,尊重和关爱全体学生,运用多种育人途径和手段,促进学生身心全面发展
专业素养	身心健康	具有强健的身体,合理的营养构成,健康的生活习惯,良好的运动习惯,积极的生活心态
	健全人格	性格开朗,人格高尚,品质优良,情绪稳定,思维开放,谦虚善良,富有促进青少年身心全面发展的社会责任感
	体育精神	吃苦耐劳,勇于进取,追求卓越,遵守规则,友好团结,相互尊敬,团队合作,诚信尽责
	关爱生命	能关爱、善待自己生命的同时,爱护、尊重他人生命,理解生命的价值,珍惜自己所拥有的,并懂得感恩
个人发展	终身学习	树立终身学习理念,乐学善学,不断更新知识结构,制定清晰的自身专业发展规划,积极追踪国内外体育与健康教学改革的最新发展动态,主动钻研体育与健康课程和教学问题
	国际视野	了解国内外先进的体育教育理念与方法,运动训练原则与手段,关注体育研究热点话题,主动参与国际交流,拓宽知识视野
	合作交流	能够理解学习共同体的作用,可以与不同知识体系的人交流,取长补短,获得新知识和新技能,具有较强的沟通与合作能力
	反思研究	能实事求是,与时俱进,具备反思能力和批判性思维,能够运用独特的视角发现问题、科学的方法分析问题、合理的策略解决问题

续表

一级目标	具体内容	目标内涵
沟通合作	沟通合作	理解学习共同体和发展共同体的作用,以及交流合作对专业和职业发展的重要意义
	团队协作	掌握团队协作和沟通交流的基本策略和方法,能够有意识地进行有效沟通和交流,理解团队合作的本质是共同奉献、共同发展
	服务奉献	在学习实践、教学实践、竞赛实践、科研实践、创新实践等系列活动中获得团队合作的体验,能够应对和解决在团队中出现的问题

第三节　体育教育专业篮球专修课程思政教学原则

篮球专修课程思政教学原则是教学规律的总结和概括,是从事教学活动必须遵守的准则。篮球专修课程思政教学过程既要遵循一般的教学规律和原则,又要遵循篮球教学所特有的规律和原则。篮球专修课程思政教学原则是长期教学实践经验的总结和概括,是篮球教学客观规律的反映,是篮球教学工作必须遵循的基本要求和准则。正确地理解和贯彻篮球教学原则,可以进一步掌握和运用篮球教学的客观规律,对加速教学过程、提高教学效果、完成教学任务具有重要意义。随着篮球教学实践的深入发展,以及人们认识的提高和教学经验的积累,教学原则也将不断地得到充实和完善。

一、一般教学原则

(一)自觉性、积极性原则

在篮球教学中,学生是学习活动的主体,而教师则处于主导的地位,唯有学生的积极参与,教学方可成功。因此,必须培养兴趣,调动学生篮球学习的主动性和自觉性。

(二)直观性原则

在篮球技能的教学过程中,学生获取有关信息的主要途径是观察,而观察必须借助各种直观手段。直观的手段很多,除示范外,把各种声像和计算机多媒体技术广泛运用于技、战术教学,都可收到较好的效果。

(三)渐进性和巩固性原则

篮球知识技能的学习是一个渐进的过程,技术技能的掌握要由浅入深地进行,学到的知识技能如不练习巩固就会遗忘或消退。因此,要采用有效的方法,及时巩固新学习的知识。

(四)合理安排运动负荷原则

运动教学的主要特征是身体练习,学生在承受运动负荷的情况下学习掌握篮球技能,同时要促进学生有机体机能能力的适应性改善。因此,合理安排运动负荷不但是技战术的需要,而且是促进学生运动素质提高的需要。

(五)学生主体原则

学生主体性教学原则是指在篮球教学过程中,学生始终是篮球学习的主体,教师、教练的一切活动应根据学生主体的需要和特点来安排,学生主体应在教师、教练的指导下积极主动地参与教学活动,充分发挥学生主体的自主性、主动性和创造性。

(六)身心全面发展原则

在篮球教学中,教学的重点不仅指向学生的技能掌握,而且更要指向学生的心理发展与完善,以传授运动技能为手段,促进学生身心协调、德育、美育、智育的全面发展。

二、专项教学原则

依据篮球运动技能的群体性和对抗性、攻防的两重性理论,深入研究篮球运动的特点和篮球教学的实践经验,从认知策略的角度可以提出如下特有的教学原则。

(一)专门性知觉优先发展的原则

篮球是以球为工具的运动,场地、器材和同伴等要素构成了特有的运动环境。对环境和器材的感知是专门性知觉发展的过程,其中手指、手腕对球的控制能力对篮球教学至关重要,教学中常常采用大量的熟悉"球性"的练习来优先发展这种能力,以确保技术动作的学习。因此,专门性知觉优先发展是篮球运动所特有的教学原则。

(二)兴趣先导、实践强化原则

在篮球教学过程中,首先要着力引发培养学生的学习兴趣,然后再在教学实践中有意进行强化、引导,使这种动力保持长久,以使篮球教学得以顺利进行,圆满完成教学任务。

(三)学习技术动作与实战对抗运用相结合的原则

篮球技术的对抗性和开放性决定了其教学过程必须把实战对抗能力放在重要地位。从认知策略上来说,技术动作的学习与实战运用相结合发展,符合开放性运动技能教学的规律。学生在学习篮球技能时首先建立起来对抗的概念和技术实效的概念,而不是把技术仅视为固定程序的身体操作。从某种意义上来说,从实战中学和在适应中学是篮球技能形成与发展的普遍规律,因此,必须把技术动作的学习与实战运用能力培养发展结合起来。

(四)技术个体化和区别对待原则

技术动作的规范性是篮球教学普遍追求的目标。规格和规范是指动作的基本结构符合人体运动学特征,达到节省和实现的目的。由于学生在身体形态、行为习惯、身体素质、智力和篮球运动经历等方面存在区别,使得"技术的规范化"的个体表现也存在较大的差别。教学的目的是使初学者通过练习,形成符合自身条件的动作完成方式。因此,篮球教学要在规范化的基础上遵循技术的个体化原则,允许学生之间存在技术动作上的细微差别。由于个体差异的存在,篮球教学必须根据对象的不同来选择不同的教学方法,要照顾不同能力的对象的学习速度,贯彻区别对待原则。

(五)技能教学为主原则

在篮球教学过程中,利用有限的教学时间重点向学生传授必要的运动技能和健身方法,并在教学实践中使学生尽快掌握,为课后的学习锻炼乃至为终身体育打下必要的基础。

第四节　体育教育专业篮球专修课程思政教学实施

体育教育篮球专修课程思政的教学实施是以"立德树人"为指导,在专业价值引领与人才培养目标的基础上,以"课程思政"为中心,全面覆盖第一、第二、第三课堂的层次递进、类型丰富、相互支撑的专业人才培养实施体系(见图3-1)。

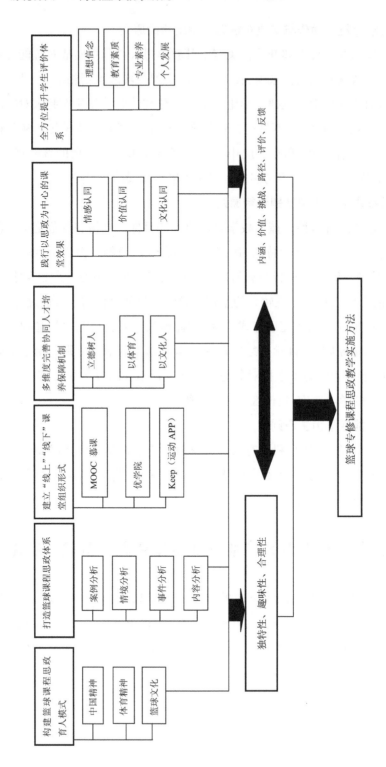

图3-1 篮球专修课程思政教学实施方法

一、基于课程思政引领下的教学大纲设计

教学大纲是一门课程的纲领性文件,它包括课程的教学目标与任务安排、教学内容与课时分配、教学方法与考核方式等内容,同时还要体现该课程知识、技能的广度和深度。教学大纲不仅是教师开展具体教学工作的依据,更是检查、评估教学质量与学生学习效果的重要依据。因此,课程思政建设要落到具体的课程中,其首要环节就是要编制教学内容与思政元素相融合的、支撑专业人才培养目标达成度的课程教学大纲。而教学大纲中对于课程目标的设置又是重中之重,课程目标应包含专业目标和思政目标,即课程的教学目标分解成不同的能力培养,以专业能力对学生进行价值引领,明确该能力和价值引领达成对应知识结构和知识点、技能要求和标准,最终形成可操作的教学计划。例如:围绕篮球课程思政从育人模式、课程体系、组织形式、保障机制、课堂效果、评价体系六个方面,搭建"全景式"平台,解决篮球思政课程的教学问题。

①尊重教学规律发展,构建篮球课程思政育人模式。尊重教学规律,以"融入式"和"挖掘式"两种方式将篮球知识和篮球技能与思政元素相结合;将中国精神、体育精神、中国智慧融入教学大纲、进度,体现篮球课程思政独特的思想性及特点;将篮球课堂设计体现思想性、趣味性、丰富性、集体性,挖掘项目独特的思政价值。②符合学习主体需求,打造篮球课程思政课程体系。在篮球课程教学中,结合课程学习内容,在其开始部分、基本部分与结束部分融入课程思政教学内容,打造篮球专修、普修、选修、公修课等一体化思政体系;将案例分析、情景分析、事件分析、内容分析等融入教学设计,实现技能掌握与情感、行为的同步发展,在潜移默化中打造思政课程体系。③注重教学改革创新,建立"线上""线下"课堂组织形式。教学团队注重提升教学内容与质量,逐渐构建了线上线下相结合的教学模式,以促进学生全面发展为中心;创新课堂组织形式,既注重"教得好",更注重"学得好";采取多样化教学资源共享如"mooc""优学院"等,激发学生的学习兴趣和潜能。④优化教学资源配置,多维度完善协同人才培养保障机制。健全组织机构、完善规章制度、建设协作平台、多维度保障人才培养有效实施;通过思政大赛、师生激励等措施,促进教师主动、学生能动的外力行动,实现资源整合共享与协同发展。⑤改革教学内容和方式,践行以思政为中心的课堂效果。知识传授实现情感认同,达到体育强

身的目的;能力培养实现价值认同,达到体育强心的目的;价值引领实现文化认同,达到体育强国的目的。⑥知识目标要从熟悉、理解到掌握、反思。⑦技能目标要从掌握、精通到具备指导教学训练的能力,以及在"做中学、学中做"的反思能力。⑧思政目标要求教师在这一过程中通过教学情境与氛围来熏陶、感染学生,使其在情感、态度、价值观上达到思想上的高度认同、行动上的自我规范及精神上的逐步内化。

二、教学内容

课程思政的教学内容强调"润物细无声"的隐形教育,与专业知识、技能的显性教育融合,从而实现思政元素与专业知识、技能的无缝对接。篮球专修课程的教学内容(见表3-1)。

表3-1 篮球专修课程教学内容

教学内容	教学时数	教学形式	思政元素
第一章 篮球运动概述	2	理论课	融合中华体育精神
第二章 篮球文化	1	理论课	讲述中国篮球故事
第三章 篮球教学	1	理论课	体现社会主义核心价值观
第四章 移动技术	16	实践课	动迅静定
第五章 传接球技术	16	实践课	及时准确
第六章 投篮技术	20	实践课	千锤百炼
第七章 运球技术	20	实践课	日积月累
第八章 持球突破技术	16	实践课	突出重围
第九章 防守技术	16	实践课	铜墙铁壁
第十章 抢篮板球技术	8	实践课	先声夺人
第十一章 攻守战术基础配合	20	实践课	攻守均衡
第十二章 快攻与防守快攻	8	实践课	速战速决
第十三章 人盯人防守与进攻人盯人守	20	实践课	守攻相望
第十四章 区域联防与进攻区域联防	20	实践课	攻守夺地
第十五章 中学篮球队训练与比赛指导	1	理论课	为国蓄才
第十六章 篮球科学研究	1	理论课	潜精研思
第十七章 篮球游戏	1	理论课	普及大众
第十八章 篮球裁判工作	2	理论课	公平公正
第十九章 篮球竞赛的组织与编排	2	理论课	一丝不苟
第二十章 篮球场地与设施	1	理论课	标准规范
合计	192		

三、教学内容的知识点与思政元素

第一章　篮球运动概论

第一节　篮球运动发展简述

基本要求:了解篮球运动的起源、篮球运动五个时期的演进。

第二节　篮球运动基本规律和特点

基本要求:了解篮球运动四个规律、七个特点。

第三节　世界篮球运动的发展趋势

基本要求:了解世界篮球运动的五个发展趋势。

第四节　中国的篮球运动

基本要求:了解现代篮球运动在中国的发展,了解我国篮球运动普及、提高的基础,了解新世纪中国篮球运动面临的任务。

思政元素:在讲述篮球运动起源、规律、发展趋势及中国篮球运动发展的过程中,融合中华体育文化精神,将最能体现中华体育精神的元素告知学生。

第二章　篮球文化

第一节　篮球文化特点

基本要求:掌握篮球文化特点。

第二节　篮球文化功能

基本要求:了解篮球文化功能。

第三节　篮球文化欣赏

基本要求:了解篮球重要赛事、篮球比赛欣赏。

思政元素:篮球运动传入中国的一百多年中,一代代的篮球继承者、传承者在不同时期展现了不同的精神,要传承这种精神,并且讲述好中国故事、篮球故事。

第三章　篮球教学

第一节　篮球教学原则

基本要求:了解篮球教学六个原则。

第二节　篮球教学方法

基本要求:了解篮球技术、战术的教学方法,了解发现错误概念和产生的原因,了解纠正错误方法。

第三节 中学篮球的教法与学法

基本要求：了解中学篮球教学的任务与要求，学习中学篮球教与学的方法，了解中学篮球教学对教师的要求。

第四节 篮球教学文件的设计

基本要求：了解掌握篮球教学大纲、教学进度、教案的撰写。

第五节 篮球教学课的组织与管理

基本要求：了解教学管理的基本要求和手段，了解篮球教学的组织形式，了解学习成绩的考核方法。

思政元素：教学中要体现社会主义的核心价值观，教学理念"览"思政、教学设计"融"思政、教学过程"讲"思政、教学成果"亮"思政、教学反馈"评"思政。

第四章 移动技术

第一节 移动技术分类与分析

基本要求：了解移动技术分类、特点、重点移动技术分析。

第二节 移动技术动作方法

基本要求：掌握起动、跑、急停、转身、滑步、撤步、跳的动作方法。

第三节 移动技术教学与练习。

基本要求：掌握移动技术教学步骤、练习方法，了解移动技术易犯错误与纠正方法。

思政元素：运动是一切篮球运动技术动作的基础，在球场上要做到"静如处子、动若脱兔"。

第五章 传接球技术

第一节 传接球技术分类与分析

基本要求：了解传接球技术的分类、基本特点、技术分析。

第二节 传接球技术动作方法

基本要求：掌握传接球技术动作方法。

第三、四节 传接球技术教学与练习；易犯错误与纠正方法

基本要求：掌握传接球技术教学步骤、练习方法，掌握易犯错误与纠正方法，了解传接球技术教学与练习建议。

思政元素：传球是两人及两人以上完成技术动作，也是战术配合的基础，传球要做到及时、准确，才能帮助队友及球队赢得技战术配合的成功，及比赛

的胜利。

第六章 投篮技术

第一节 投篮技术分类与分析

基本要求：了解投篮技术分类、懂得投篮技术分析。

第二节 投篮技术动作方法

基本要求：掌握原地投篮、行进间投篮、跳起投篮动作方法、动作要点。

第三节 投篮技术教学与练习

基本要求：学习掌握投篮技术教学步骤、练习方法、易犯错误与纠正方法、投篮技术的教学与练习建议。

思政元素：篮球的本质是"投篮游戏"，一切技战术都是为投篮服务的，投篮的准确与否，是衡量一名球员在球队中的价值的重要指标之一，高命中率的投篮需要长年累月的苦练才能达到。

第七章 运球技术

第一节 运球技术分类与分析

基本要求：掌握运球技术分类、懂得运球技术分析。

第二节 运球技术动作方法

基本要求：掌握原地高低运球、运球急停急起、行进间体前变向运球、运球转身、背后运球动作方法、动作要点。

第三节 运球技术教学与练习

基本要求：学习掌握运球技术教学步骤、练习方法、易犯错误与纠正方法、运球技术的教学与练习建议。

思政元素：运动员手控制球与支配球的能力，是个人技术再前进一步的基础，需要日积月累的付出，才能达到既定的目标。

第八章 持球突破技术

第一节 持球突破技术分类与分析

基本要求：掌握持球突破技术分类、懂得持球突破技术分析。

第二节 持球突破技术动作方法

基本要求：掌握交叉步持球突破、同侧步持球突破动作方法、动作要点。

第三节 持球突破技术教学与练习

基本要求：学习掌握持球突破技术教学步骤、练习方法、易犯错误与纠正方法、持球突破技术的教学与练习建议。

思政元素：面对对手的防守，要有一往无前、突出重围的决心，才可以对对手产生心理的震撼，以至于最后达成投篮、上篮或者是造成对手犯规的目的。

第九章　防守技术

第一节　防守有球队员

基本要求：懂得防守有球队员的技术分析，掌握防守有球队员的动作方法，掌握易犯错误与纠正方法，掌握教学与训练方法。

第二节　防守无球队员

基本要求：懂得防守无球队员，掌握防守无球队员的动作方法，掌握易犯错误与纠正方法、掌握教学与训练方法。

思政元素：面对对方的进攻，要有铜墙铁壁般合围的决心，一寸空间也不留给对手。

第十章　抢篮板球技术

第一节　抢篮板球技术分类与分析

基本要求：懂得抢篮板球技术分类，了解抢篮板球技术分析。

第二节　抢篮板球技术动作方法

基本要求：掌握抢进攻篮板球，掌握抢防守篮板球。

第三节　抢篮板球技术教学与练习

基本要求：了解抢篮板球技术教学步骤，懂得抢篮板球技术的练习方法，掌握易犯错误与纠正方法，掌握抢篮板球技术的教学与练习建议。

思政元素：抢位置要快、抢落点要快、抢空中球要快、抢地面球也要快，先声夺人。

第十一章　攻守战术基础配合

第一节　进攻战术基础配合

基本要求：懂得进攻战术基础配合方法，掌握进攻战术基础配合教学建议。

第二节　防守战术基础配合

基本要求：懂得防守战术基础配合方法，掌握防守战术基础配合教学建议。

思政元素：进攻与防守是矛盾的统一体，攻守平衡，是球队协调发展的正确路径。

第十二章 快攻与防守快攻

第一节 快攻

基本要求:懂得组织快攻战术的基本要求,把握发动快攻的时机,掌握快攻战术的形式,掌握快攻战术的教学与联系方法,掌握快攻战术的教学。

第二节 防守快攻

基本要求:懂得防守快攻的方法,掌握防守快攻的教学。

思政元素:快字当头,在快速的转换中达到战术的目的,体现速战速决的价值。

第十三章 人盯人防守与进攻人盯人防守

第一节 半场人盯人防守

基本要求:懂得半场人盯人防守的方法,掌握半场人盯人防守的基本要求,掌握半场人盯人防守战术教学。

第二节 进攻半场人盯人防守

基本要求:懂得进攻半场人盯人防守战术配合的方法、掌握进攻半场人盯人防守战术的基本要求、掌握进攻半场人盯人防守战术教学。

第三节 全场紧逼人盯人防守

基本要求:了解全场紧逼人盯人防守的方法,把握全场紧逼人盯人防守战术的运用时机,掌握全场紧逼人盯人防守的基本要求,掌握全场紧逼人盯人防守的教学与训练,掌握教学与训练方法。

第四节 进攻全场紧逼人盯人防守

基本要求:掌握进攻全场紧逼人盯人防守的基本要求、懂得进攻全场紧逼人盯人防守的方法、掌握进攻全场紧逼人盯人防守战术的教学与训练。

思政元素:防守时以人为目标,采取防守人与人对位的原则,进攻时也是面对单人的防守,坚决予以攻之,进攻与防守能迅速地进行切换。

第十四章 区域联防与进攻区域联防

第一节 区域联防

基本要求:了解区域联防的站位类型、掌握区域联防的方法(以"2-1-2"防守阵型为例)、掌握区域联防的基本要求、掌握区域联防的教学方法与建议。

第二节 进攻区域联防

基本要求:了解进攻区域联防的阵型、掌握进攻区域联防的方法("1-3-1"

阵型落位,"2-1-2"联防为例)、掌握进攻区域联防的基本要求、掌握进攻区域联防的教学方法与建议。

思政元素:进攻与防守都是抢占篮球场上的区域,谁抢占有利区域,谁将最大限度地取得优势。

第十五章 中学篮球队训练与比赛指导

第一节 中学篮球队训练

基本要求:了解中学篮球队训练的目的与任务,懂得中学篮球队的选材与组队,掌握中学篮球队训练计划的制定,掌握中学篮球队训练内容与要求,掌握中学篮球队的训练方法。

第二节 篮球比赛的指挥工作

基本要求:做好比赛前的准备工作,投入临场指导工作,做好比赛后的总结工作。

思政元素:中学篮球是我们国家的篮球人才重要储备库之一,参与中学篮球队训练与比赛,是在为国蓄才。

第十六章 篮球科学研究

第一节 篮球科研的意义、任务和特点

基本要求:懂得篮球科研的意义,懂得篮球科研的任务,了解篮球科研的特点。

第二节 我国篮球运动科研的历史

基本要求:了解新中国成立前的篮球科研情况,了解20世纪50年代至60年代我国篮球科研情况,了解20世纪70年代以后我国篮球科研情况。

第三节 我国篮球运动科研的现状

基本要求:学会运用多学科知识、现代化手段展开综合交叉研究、了解转型期的职业篮球体系研究已成为研究热点、懂得学校篮球运动是研究的重点、学会加强篮球运动基本理论体系的建设,进行可持续发展的研究、掌握开发篮球运动教学、训练和比赛的现代化设备研究。

第四节 篮球运动科研的趋势与参考选题

基本要求:了解我国篮球运动发展战略与规划方面的研究,了解我国篮球运动教学与训练的科学化研究,懂得我国篮球运动管理体制改革的研究,懂得我国篮球运动市场化的研究,了解我国学校篮球运动开展的研究。

思政元素:科研指导实践,潜心篮球科研,使篮球在发展过程中会更加科学有序。

第十七章 篮球游戏

第一节 篮球游戏的概述

基本要求:了解篮球游戏的概念,懂得篮球游戏的作用,掌握篮球游戏的创编原则,掌握篮球游戏的创编步骤,掌握组织篮球游戏教学的要求。

第二节 篮球游戏的基本方法

基本要求:懂得移动游戏、懂得传接球游戏、掌握投篮游戏、掌握运球与持球突破游戏。

思政元素:篮球运动从发明那一天起就是游戏,游戏更能普及大众,增加影响力与传播力,体现全民参与的价值。

第十八章 篮球裁判工作

第一节 篮球运动的主要规则

基本要求:掌握比赛通则及一般规定、懂得常见违例、懂得常见犯规。

第二节 篮球裁判员执裁技巧

基本要求:掌握两裁判员执裁技巧、掌握三人执裁方法、掌握裁判员手势及宣判程序。

第三节 记录台工作方法

基本要求:懂得作序,清楚工作职责,并在实践中能够基本运用。

第四节 篮球裁判员的能力培养

基本要求:懂得篮球裁判员应具备的基本素质,掌握篮球裁判员的基本功及其训练,掌握篮球裁判员能力培养的组织教法。

思政元素:裁判是球场的"法官",体现的是公平公正的社会价值。

第十九章 篮球运动竞赛的组织与编排

第一节 篮球运动竞赛的组织工作

基本要求:了解赛前准备工作,了解竞赛期间的工作,做好竞赛的结束工作。

第二节 篮球运动竞赛制度与编排方法

基本要求:了解淘汰制,掌握循环制、混合制,了解国内外篮球竞赛方法简介。

思政元素:竞赛编排要适合比赛的发展规律,体现精准精确、一丝不苟的态度。

第二十章 篮球场地与设备

第一节 篮球场地与设备规格

基本要求:了解标准篮球场地与设备规格、小篮球的篮球场地与设备规格,懂得篮球场地的画法。

第二节 篮球场地的修建

基本要求:了解篮球场地修建要求,掌握篮球场地的修建方法。

第三节 篮球场地的养护和管理

基本要求:了解三合土篮球场的养护和管理,了解水泥、沥青篮球场的养护和管理,了解人造草皮篮球场、塑胶篮球场以及室内木质地板篮球场的养护和管理。

思政元素:篮球场地设备标准规范,有统一的参照。

四、考核与评价

(一)考核方式
考试(√)

(二)考核形式

篮球课思政育人标准与专业技能标准应是课程学习目标考核的基本遵循,考核方案设计中将正确的政治方向、高尚的道德情操与学生身心健康发展与技能学习水平等作为教学评价的基本准则,打破常规技术考核测试与技评方法,将考核比例予以调整。

考核内容和评定方式充分融入课程思政理念,构建了科学的考核和评价体系,改变了传统的"技术考试+平时成绩"的考核评价内容,采用"思想品德+团队合作+课程学习+技能展示+讲解示范"等多内容维度综合评价。

在评价方式上,由教师单一评价方式,改为教师评价、学生自评、学生互评等多渠道评价方式。通过课程学习全过程评价、思想表现多角度评价、综合素质全面性展示,使学生德育、智育与技能等得到全面评价,使课堂教学在教会学生技能的同时,达到了培养人、塑造人、影响人全面 发展的目的。在考核评价上科学制定考核标准,强化育德与育技、德育与技艺全面协调发展。

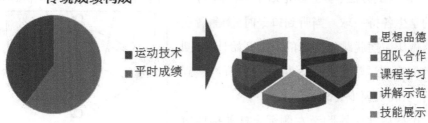

（三）考核内容与评价标准

第一学期考核方法

1.原地三点投篮（10分达标+10分技评）

（1）测试方法：（如右图所示）学生分别在以篮圈投影点为圆心，4.3米为半径弧线正面罚球线处投篮四次，两侧45度标志杆处分别投篮三次，以投中次数计算成绩。每人两次机会，取其中最好的一次计算成绩。

（2）测试要求：投篮时不准踩线，投篮动作要协调连贯，否则投中无效。

（3）评分标准

A.达标

男生(投中个数)	8	7	6	5	4	3	2	1
得 分	10	9	8	7	6	5	4	3
女生(投中个数)	7	6	5	4	3	2	1	

B.技评 每项评价指标分 超优、优、良、中、劣五个档次（单位 分）

项目	准备姿势屈膝重心降低,脚尖指向篮圈,两脚间距适中	身体和篮圈平行,(单手投篮前臂和地面接近垂直)	持球手腕后仰,五指自然分开,掌心空出	全身协调用力	手指手腕拨球柔和	球的运行抛物线适中,并伴随旋转	出手跟随动作稳定
分值	2	1	1	2	2	1	1

2.接球顺步、交叉步突破(10分达标+10分技评)

(1)测试方法:学生首先站于右侧限制区线外标志杆的位置,两位协助测试的学生各持一球。当听到口令时,受测者在右侧做压缩摆脱跳步接球的瞬间开始计时(圈顶的配合测试学生要及时将球传到),当接到球后,从底线顺步突破右手上篮。

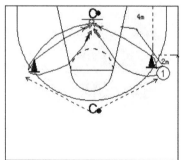

中篮后从底线跑至左侧标志杆前接球再次顺步突破左手上篮,中篮后跑至右侧标志杆前做从左侧交叉步突破左手上篮,再跑至左侧从右侧做交叉步突破右手上篮,中篮停表。

(2)测试要求:必须按照测试要求的突破动作和顺序进行测试;上篮不中时必须补中,不能走步。

(3)评分标准

A.达标

男生(秒)	17	18	19	20	21	22	23	24	25	26
得 分	10	9	8	7	6	5	4	3	2	1
女生(秒)	19	20	21	22	23	24	25	26	27	28

B.技评 (每项评价指标分 超优、优、良、中、劣五个档次,单位:分)

项目	突破动作是否协调	交叉步、顺步是否清楚	投篮成功率	动作衔接是否连贯	重心控制是否合适
分值	2.0	2.0	2.0	2.0	2.0

3.全场一对一攻防(20分技评)

(1)测试方法:学生在全场做一攻一守,连续做两次。

(2)成绩评定:

项目　　分值	优 10—8.6分	良 8.5—7.6分	中 7.5—6分	劣 6分以下
评分标准:攻守各10分	攻防技术动作规范、实战效果较好	攻防技术动作较规范、实战效果较好	攻防技术动作一般、实战效果一般	攻防技术动作差、实战效果较差

4.快速双手胸前传接球(两点)(20分达标)

(1)测试方法:利用一个直角的两个墙面,分别画一个直径60公分(从圆圈的外沿丈量)的圆圈作为标志圈,标志圈圆心距离地面1.5米、距离墙角3米。学生的站立区在距离两个墙面均为3米的平行线形成的直角形内。当听到"开始"口令后,用双手胸前传球的方式,向一侧墙壁上的标志圈内传球,当球反弹回来时,用双手接球,再以双手胸前传球的方式,向另一墙壁上的标志圈传球,如此反复快速传接球10次。

(2)测试要求:每次必须采用双手胸前传球,双脚不能超出直角线,球必须打在标志圈内(有部分球体接触标志圈内即可),未按上述要求或球落地都不计一次传球。

(3)达标(单位:秒)

男生	9″00	9″30	9″60	9″90	10″20	10″50	10″80	11″10	11″40	11″70
得分	20	19	18	17	16	15	14	13	12	11
女生	13″00	13″30	13″60	13″90	14″20	14″50	14″80	15″10	15″40	15″70
男生	12″00	12″30	12″60	12″90	13″20	13″50	13″80	14″10	14″40	14″70
得分	10	9	8	7	6	5	4	3	2	1
女生	16″00	16″30	16″60	16″90	17″20	17″50	17″80	18″10	18″40	18″70

5. 15米×17次跑(20分达标)

(1)方法

A.测试器材

标准篮球场、秒表(或电子记录设备)、受测者起跑位次号(如6名队员同时测试,在每个受测者背后竖立1、2、3、4、5、6号标志)、篮球比赛计时钟。

B.测试方法

在两边线之间反复折返跑,共17次(从一边跑到另一边再返回计为2次)。听到"跑"的口令快速起跑,第17次冲过边线停表。

(2)要求

起跑时不能踩边线,在裁判员发令前,不能抬起脚或抢跑;在跑的过程中,要求运动员每次折返都要"踩过球场的边线",如有违反直接罚下并且考试成绩记零分。

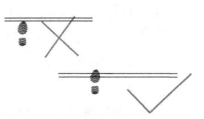

(3)达标成绩:(单位:秒)

男生	1′	1′02	1′04	1′06	1′08	1′10	1′12	1′14	1′16	1′18
得分	20	19	18	17	16	15	14	13	12	11
女生	1′10	1′12	1′14	1′16	1′18	1′20	1′22	1′24	1′26	1′28
男生	1′20	1′22	1′24	1′26	1′28	1′30	1′32	1′34	1′36	1′38
得分	10	9	8	7	6	5	4	3	2	1
女生	1′30	1′32	1′34	1′36	1′38	1′40	1′42	1′44	1′46	1′48

第二学期考核方法

1.1分钟跳投(20分)

A.方法:以篮筐投影点到罚球线半径划弧,学生在弧线外自投自抢,连续进行一分钟,以投中次数计算成绩。每人两次机会,取其中最好的一次计算成绩。

要求:跳投时不准踩线,抢到篮板球后运球出弧线外,跳起投篮动作要协调连贯。不准随跳随投,否则投中无效。

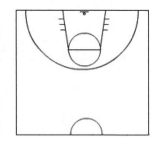

B.达标标准(10分)

一分钟投篮评分表

男生(投中个数)	10	9	8	7	6	5	4	3	2	1
得分	10	9	8	7	6	5	4	3	2	1
女生(投中个数)	10	9	8	7	6	5	4	3	2	1

C.技评标准(10分)

一分钟投篮技评表

8-10分	6-8分	4-6分	1-4分
动作规范、协调、熟练、命中率高	动作规范、熟练、不协调、命中率高	动作正确、不协调、不熟练、命中率低	动作不正确、不协调、命中率低

2.全场综合运球上篮(20分)

A.方法:

在标准篮球场(28米×15米)进行测验,▲为标志杆,B、D两点位于各距边线3米并与罚球弧顶齐平之处,C点在中圈中心,E点在罚球区第一分位线上,F点位于罚球线中点。运动员听口令从A点用右手运球开始,依次在B标

志杆前做后转身运球,换左手
运球到 C 标志杆前(至少一只
脚进入中圈)做胯下变向换成
右手运球,过 C 标志杆后(不
能双脚都出中圈)立即做右手
胯下变向运球,接着用左手运
球到 D 标志杆前做后转身运

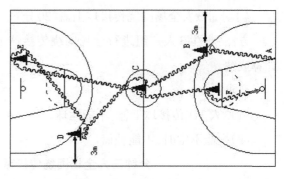

球,并换成右手运球按逆时针方向快速运球绕过 E 标志杆到 C 标志杆,在 C 前
(至少有一只脚进入中圈)做右手背后变向运球,再用左手向 F 标志杆运球,
在 F 前(至少有一只脚进入圆圈)做左手背后变向运球,最后快速运球上篮。
每人两次机会。

要求:必须按规定方法、路线,在规定区域内完成运球;不得两次运球或走
步;投篮必须命中才停表。

B.达标标准(10分)

全场综合运球评分表

男生(秒)	16	16.5	17	17.5	18	18.5	19	19.5	20	20.5
得　分	10	9	8	7	6	5	4	3	2	1
女生(秒)	18	18.5	19	19.5	20	20.5	21	21.5	22	22.5

C.技评标准(10分)

10—8.6分	8.5—7.6分	7.5—6分	6分以下
动作协调、连贯、熟、练节奏性好	动作较协调、熟练节奏性较好	动作熟练、连贯、不协调、节奏性较差	动作不熟练、不协调、节奏性差

3.全场三对三(20分)

方法:学生在全场做三对三。

(1)要求:攻、防要体现出战术基础配合的方法。

(2)成绩评定:

分值　　项目	优 10—8.6分	良 8.5—7.6分	中 7.5—6分	劣 6分以下
战术配合评分标准:攻守各10分	攻防技术动作规范、战术配合意识强、实战效果较好	攻防技术动作较规范、战术配合意识强、实战效果较好	攻防技术动作一般、战术配合意识一般、效果一般	攻防技术动作差、战术配合意识差、效果较差

4.1分钟3人全场围绕传接球上篮(20分)

方法:学生3人一组进行全场围绕传接球上篮,以1分钟内投中篮的次数计算成绩。

要求:

(1)3人3次传接球上篮,不能运球;

(2)投篮不中时,不能补篮。

一分钟三人全场围绕传接球上篮评分表

男生(中次)	10	9	8	7	6	5	4	3	2	1
得　分	20	18	16	14	12	10	8	6	4	2
女生(中次)	9	8	7	6	5	4	3	2	1	0

5.30秒击掌俯卧撑(20分)

(1)测试方法:双臂分开,比肩略宽;脚尖支地,用腰腹力量控制躯干成一条直线;然后双肘向两侧分开,缓慢下降身体到上身贴近地面,肘关节小于等于90°;略作停顿后快速有力推地面,双手空中击掌一次。再控制还原,立刻进行下一次动作,如此循环。

(2)达标(20分)

男生(个)	32	31	30	29	28	27	26	25	24	23
得　分	20	19	18	17	16	15	14	13	12	11
女生(个)	22	21	20	19	18	17	16	15	14	13
男生(个)	22	21	20	19	18	17	16	15	14	13
得　分	10	9	8	7	6	5	4	3	2	1
女生(个)	12	11	10	9	8	7	6	5	4	3

第三学期考核方法(100分)

1.说课和做课

说课3分钟;做课12分钟(一个课的主要内容)。

2.教案撰写

考场学生随机抽取10套教案的其中一套,撰写教案。

3.成绩评定

术科:平时成绩 30%,技术成绩40%,理论成绩 30%。

考试者姓名			考评人员		
教学内容					
评分项目		评　分　要　点	分值	得分	备注
1.教学内容、目标分析(说课)30分	(1)教学思路分析	①分析内容:简要、准确地说出本节课的教学内容及重点和难点	10		
		②根据教学内容结合学生的特点,确定适当的教学目标(参与、技能、身体和心理健康、情感目标)并分析	15		
	(2)表达能力	③语言规范、简练、生动、逻辑性强,普通话标准	5		
2.教学实践能力展示(做课)	(1)课前准备评价	①教案:教法设计合理,目标明确,书写规范,图文并茂。	5		
		②场地器材准备充分,使用安全、合理。	5		
	(2)教师素质	③教师仪表得体、教态端庄,口令规范,声音洪亮	5		
	(3)教学过程	①讲解内容思路清晰,专业用语使用规范,语言有感染力,应变能力强	10		
		②技战术示范动作规范,重点环节明确	10		
		③教学步骤合理,教学方法运用得当	15		
		④能够及时指出学生的错误技术动作,并用适当方法纠正	10		
		⑤课堂组织规范,教学秩序良好,教学时间分配合理	10		
总得分			100		

篮球课程教学进度(第一学期)

周次	课次	学时	教学内容	备注
1	1—2	4	1.了解学生基本情况。教学分组 2.介绍本学期教学内容与要求 3.恢复性练习	提出课堂要求,向学生介绍本学期学习内容安排
2	3	2	1.移动技术 2.学习原地运球及行进间运球 3.学习原地及行进间双手胸前传、接球	
	4	2	1.移动技术 2.原地运球及行进间运球 3.原地及行进间双手胸前传、接球	
3	5	2	1.复习已学过的技术动作 2.学习原地单手肩上投篮 3.学习行进间篮下单手高、低手投篮	

续表

周次	课次	学时	教学内容	备 注
	6	2	1.复习学过传球的技术动作 2.行进间二攻一传接球上篮练习 3.实战五对五教学比赛	
4	7	2	1.复习已学过的技术动作 2.学习运球急停急起、体前换手变向运球 3.学习双手头上、胸前反弹传球	
	8	2	1.复习已学过的技术动作 2.学习运球急停急起、体前换手变向运球 3.学习双手头上、胸前反弹传球	
5	9	2	1.复习提高已学过的技术动作 2.复习脚步移动:转身、(跳、跨)步 3.复习单手肩上传球、单手胸前、体侧传球	
	10	2	1.脚步移动练习 2.传接球练习 3.教学比赛(半场五对五)	
6	11	2	1.复习,提高已学过的技术动作 2.复习跳投 3.综合性技术练习	作业:1.篮球运动的规律 2.对于犯规的判罚程序
	12	2	理论课:篮球运动概述及裁判法	
7	13	2	1.复习提高已学过的技术动作 2.学习持球突破技术(交叉步、同侧步) 3.半场三对三教学比赛	
	14	2	1.复习已学过的技术。运球、传接球 2.复习、巩固、提高持球突破技术。 3.半场三对三教学比赛。	
8	15	2	1.复习提高已学过的技术动作 2.学习换手运球和运球后转身技术 3.综合性技术练习及教学比赛	
	16	2	1.复习提高已学过的技术动作 2.复习、巩固换手运球和运球后转身技术 3.综合性技术练习及教学比赛	
9			教学实践周	
10				
11	17	2	一、复习运球、突破、投篮技术 二、学习防守步法,滑步(侧、后、前)、后撤步、攻击步、绕步	
	18	2	一、复习运球、突破、投篮技术 二、复习防守步法,滑步(侧、后、前)、后撤步、攻击步、绕步 三、教学比赛	

续表

周次	课次	学时	教学内容	备 注
12	19	2	1.攻守技术(滑步——后撤步、运球技术、防运球) 2.学习抢防守篮板球 3.半场三对三	
	20	2	1.攻守技术(滑步——后撤步、持球突破、防有球) 2.学习抢进攻篮板球 3.半场三对三	
13	21	2	1.复习防守步法(攻击步、后撤步、滑步) 2.复习防守有球队员(防投、防运突) 3.半场或全场三对三攻守练习	
	22	2	理论课:篮球技术分类与分析(攻防技术)	
14	23	2	1.复习攻守技术(侧身跑、滑步、运球等) 2.复习防守无球队员(防摆脱接球、防切入、防溜底线) 3.三对三教学比赛	
	24	2	1.复习攻守技术(滑步、后撤步、运球、投篮等) 2.复习防守对手 3.五对五教学比赛	
15	25	2	1.复习传接球技术(双手、单手、体侧传等) 2.学习进攻基础配合:传切、突分 3.三对三教学比赛	
	26	2	1.复习运球技术(体前变向、背后运球、后转身等) 2.学习进攻基础配合:掩护、策应 3.半场三对三教学比赛	
16	27	2	1.防守移动(滑步——后撤步、绕步) 2.学习防守基础配合(穿过、挤过、绕过、交换防守) 3.半场三对三	
	28	2	1.防守移动(滑步——后撤步、滑步——攻击步) 2.学习防守基础配合(关门、夹击、补防) 3.半场三对三	
17	29	2	1.学期总复习(运球、传接球、投篮等) 2.教学比赛	
	30	2	期末技术考试	
18	31	2	期末技术考试	
	32	2	机动	

篮球课程教学进度(第二学期)

周次	课次	学时	教学内容	备注
1	1	2	1.总结上学期情况(学生总结) 2.介绍本学期教学任务与安排 3.恢复性练习,熟悉技术	提出本学期 教学要求 及任务
	2	2	恢复性练习:进攻技术(移动、传接球、运球、投篮、突破)	
2	3	2	1.复习运球、传接球、投篮技术 2.复习传切配合、掩护配合 3.三对三攻守配合	
	4	2	1.复习个人进攻技术 2.复习一对一攻守技术 3.复习抢篮板球技术 4.复习进攻基础配合(传切配合、掩护配合) 5.三对三攻守配合	
3	5	2	1.复习一对一攻守对抗技术 2.复习运球急停跳投技术 3.复习突分配合、策应配合 4.三对三攻守配合	
	6	2	1.复习攻守脚步移动技术 2.防守无球队员技术(二对二)、防守有球队员技术(一对一) 3.复习进攻基础配合(突分配合、策应配合) 4.三对三攻守配合	
4	7	2	1.复习多种隐蔽性传球技术 2.复习多种形式的行进间传接球技术 3.复习运球急停跳投技术 4.教学比赛	
	8	2	1.复习攻守对抗技术 2.复习传接球技术 3.半场三对三比赛	
5	9	2	1.复习运球、传球、投篮等组合技术 2.复习进攻战术基础配合 3.半场三对三攻守配合	
	10	2	1.复习个人攻守技术 2.复习二对二、三对三攻守配合 3.教学比赛	
6	11	2	1.复习运球技术、持球突破技术 2.复习进攻战术基础配合 3.教学比赛	作业:绘图表述篮球进攻 战术基础配合(可任选两 种配合方法)
	12	2	1.复习进攻组合技术(传接球、运球、投篮、突破) 2.半场三对三攻守战术基础配合 3.教学比赛	

续表

周次	课次	学时	教学内容	备注
7	13	2	1.复习进攻组合技术(运球、传球、投篮、突破) 2.复习防守战术基础配合(挤过、穿过、交换防守) 3.教学比赛	
	14	2	1.复习进攻组合技术(传接球、投篮技术) 2.复习进攻战术基础配合和防守战术基础配合 3.教学比赛	
8	15	2	1.复习个人攻守技术 2.复习防守战术基础配合(关门、夹击、补防) 3.教学比赛	
	16	2	理论课:篮球竞赛规则与裁判法	
9			教学实践周	
10				
11	17	2	1.复习进攻战术基础配合 2.复习个人位置进攻技术(前锋、后卫、中锋)	
	18	2	1.复习个人攻守组合技术(移动、运球、投篮) 2.复习进攻战术基础配合 3.三对三攻守战术配合	
12	19	2	1.复习个人进攻组合技术(传接球、运球、投篮) 2.学习快攻战术(发动、接应、推进、结束阶段)	
	20	2	1.复习快攻战术 2.复习攻守战术基础配合	
13	21	2	1.复习快攻结束阶段配合(二攻一、三攻二) 2.学习防守快攻战术 3.教学比赛	
	22	2	1.学习半场人盯人防守战术与进攻半场人盯人战术 2.复习攻守战术基础配合 3.教学比赛	
14	23	2	1.复习攻守人盯人战术配合 2.教学比赛	
	24	2	理论课:篮球战术分析	
15	25	2	1.复习攻守人盯人战术配合 2.教学比赛	
	26	2	1.学习攻守区域联防战术(半场2-1-2区域联防,半场1-3-1进攻区域联防) 2.复习攻守战术基础配合 3.教学比赛	
16	27	2	1.复习快攻结束阶段的二攻一、三攻二配合 2.复习攻守区域联防配合 3.教学比赛	

续表

周次	课次	学时	教学内容	备注
	28	2	1.复习个人攻守组合技术 2.复习攻守战术基础配合 3.教学比赛	
17	29	2	期末技、战术总复习	作业:本学期学习总结
	30	2		
18	31	2	期末技、战术考试	
	32	2		

篮球课程教学进度(第三学期)

周次	课次	学时	教学内容	备注
一	1	2	1.宣布本学期教学任务、要求2.恢复性练习	安排写专项训练日记
	2	2	恢复性练习:进攻技术、防守技术	
二	3	2	1.教学与训练实习课2.教学比赛与临场裁判与记录台实习	教师点评
	4	2	1.教学与训练实习课2.教学比赛与临场裁判与记录台实习	教师点评
三	5	2	1.教学与训练实习课2.教学比赛与临场裁判与记录台实习	教师点评
	6	2	1.教学与训练实习课2.教学比赛与临场裁判与记录台实习	教师点评
四	7	2	1.教学与训练实习课2.教学比赛与临场裁判与记录台实习	教师点评
	8	2	1.教学与训练实习课2.教学比赛与临场裁判与记录台实习	教师点评
五	9	2	1.教学与训练实习课2.教学比赛与临场裁判与记录台实习	教师点评
	10	2	1.教学与训练实习课2.教学比赛与临场裁判与记录台实习	教师点评
六	11	2	1.教学与训练实习课2.教学比赛与临场裁判与记录台实习	教师点评
	12	2	1.教学与训练实习课2.教学比赛与临场裁判与记录台实习	教师点评
七	13	2	1.教学与训练实习课2.教学比赛与临场裁判与记录台实习	教师点评
	14	2	1.教学与训练实习课2.教学比赛与临场裁判与记录台实习	教师点评
八	15	2	1.教学与训练实习课2.教学比赛与临场裁判与记录台实习	教师点评
	16	2	1.教学与训练实习课2.教学比赛与临场裁判与记录台实习	教师点评
九 十			教学实践周	
十一	17	2	1.教学与训练实习课2.教学比赛与临场裁判与记录台实习	教师点评
	18	2	1.教学与训练实习课2.教学比赛与临场裁判与记录台实习	教师点评
十二	19	2	1.教学与训练实习课2.教学比赛与临场裁判与记录台实习	教师点评
	20	2	1.教学与训练实习课2.教学比赛与临场裁判与记录台实习	教师点评
十三	21	2	教学与训练实习期末考试	教考分离
	22	2	教学与训练实习期末考试	教考分离
十四	23	2	教学与训练实习期末考试	教考分离
	24	2	教学与训练实习期末考试	教考分离

续表

周次	课次	学时	教学内容	备注
十五	25	2	教学与训练实习期末考试	教考分离
	26	2	教学与训练实习期末考试	教考分离
十六	27	2	教学与训练实习期末考试	教考分离
	28	2	教学与训练实习期末考试	教考分离
十七	29	2	教学与训练实习期末考试	教考分离
	30	2	教学与训练实习期末考试	教考分离
十八	31	2	期末理论课总复习	期末总结
	32	2	机 动	

五、篮球专修课程思政教案——案例

教案设计思路

1.指导思想

本课内容以"学生为中心"遵循习近平总书记对高等教育的指导思想"培养什么人、怎样培养人,为谁培养人"的指导原则,在教学中要充分体现学生的主体性,发挥教师的主导作用。挖掘教材的内涵,培养学生"主动参与、乐于探究"的良好学习习惯和团结向上、勇于拼搏的集体主义精神,在学习中逐步形成敢于挑战的积极态度和坚强的意志品质,为其终身体育打下基础,并培养学生为社会主义体育事业建设甘于奉献的精神。

2.教材分析

交叉步持球突破技术是天津体育学院体育教育专业篮球专项学生的学习内容之一,是篮球运动中运用较为广泛的一项技术,主要应用于进攻中、突破对方的防守,衔接上篮、传球等下一个技术环节,它的特点是速度快、使用的区域、形式会根据场上的情况,作出不同的改变。在实际的教学比赛中有很多学生对交叉步突破技术缺乏正确的应用,因此为了提高学生在篮球比赛中的进攻能力,把交叉步持球突破与行进间单手低手投篮技术结合起来,应用到比赛中,大大增强了学生的篮球技术的实用性。在素质练习中运用半蹲跑、半蹲跳、壁虎爬等训练方式来提高学生团结协作积极主动的意识和专项身体素质,最终实现课堂"教会、常练、多赛"的教学指导思想。

3.学情分析

(1)授课对象是体育教育专业篮球专项学生,身体发育与心理成长基本成熟,活泼好动,求知欲望强烈,但是自我约束能力较差。

(2)技战术素养达到了一定的水平,喜欢篮球比赛,但是面对专业基础训练也会皱眉头,有一定的惰性。

(3)不同的学生,运动水平有一定的差异性。

针对以上情况,本次课在教学中实施如下措施:

(1)强调课堂纪律,潜移默化的结合篮球运动的特点,提升大家的爱国心和爱国情,用纪律和责任提高学生的自我约束能力。

(2)大力鼓励学生,并采取一定的奖励措施,激发他们的思维和创造性,体会学习带来的快乐,克服惰性对课堂的负面影响。

(3)根据学生的实际水平,采取差异化教学的原则,因材施教。

4.教学重难点

重点:

(1)两脚左右开例,两膝微屈,身体重心降低,持球与胸腹之间。

(2)突破时,左脚前脚掌内侧迅速蹬地,身体稍右转,左肩向前下压,重心向右前方移动,左脚向右侧前方跨出,将球引于右侧,接着运球,中枢脚蹬地向前跨出迅速超越防守

难点:

(1)蹬跨地面有力,上步快,抢占有利突破位置。

(2)突破时,肩部要超过防守队员,向前推放球,然后加速运球突破防守队员。

5.学法指导

(1)渗透式指导法,根据交叉步突破教学内容的特点,通过语言和动作示范到学生学习的各个环节之中,让学生不断按教师的教学思路,在潜移默化的训练过程中去领悟新的学习方法,相机诱导和让学生领悟,将理论和学习实践紧密地结合起来,起到指导效果。

(2)矫正式指导法,针对学生在学法运用中存在的问题,及时引导学生分析原因、辨析比较,使学生逐步掌握交叉步突破正确的学习方法。

(3)问题式指导法,引导学生就学习内容提出问题,"为什么交叉步突破"技术中,"跨步和推放球"要一致进行,使学生在解决问题、探求答案的过程中,通过寻求一定的知识、分析知识间的联系和关系、建立已知和未知之间的逻辑体系、形成新的知识结构,获得新的学习方法。

6.教学过程

(1)开始部分,静力性拉伸和动态脚步练习以后,让学生尽可能多接触球。热热身活动把侧滑步和急停跳起有机地结合起来,并应用各种形式的熟悉球性及运球练习,来提高控制球的能力,增强学生球性球感,提高练习的积极性。

(2)基本部分采用以"思维为主攻"的教学策略,首先通过设疑(在一对一的对抗中,进攻队员一般采用什么技术摆脱防守进攻得分?)看教学视频。组织学生围绕提出设疑进行尝试练习。然后讲解、示范交叉步突破衔接行进间单手低手投篮技术动作。接着分组练习,教师巡回指导,请学生展示、教师评价纠错。然后进行专项体能练习,最后拉伸、放松身心。

(3)结束部分,教师点评、学生自评、小结,宣布下次课内容,下课。

7.预计课的效果

学生能在教师指导下认真积极地参与练习,课堂气氛活跃。整堂课练习密度为35%～40%,练习强度中等偏上,专项身体素质练习时强度达到最高峰。

本课内容	1.复习顺步突破 2.学习交叉步突破 3.专项体能练习
本课目标	1.思政目标:将习近平新时代中国特色社会主义对教育的指导思想融入课堂教育中,牢记培养什么样的人,为谁培养人,灌输学生爱国主义思想、奋斗有我理念、激发学生提升全民族身体素质的责任感。 2.运动能力及技能:使学生了解交叉步突破在实战中的作用,建立正确的技术动作概念,并能基本掌握交叉步突破技术要领,并能在课堂和实战中有效运用,发展学生协调、灵敏、爆发等素质。 3.健康行为:培养学生对交叉步突破技术的兴趣,养成欣赏高水平篮球比赛的习惯,同时促进学生掌握科学有效的练习方法,逐步养成锻炼习惯,形成良好的生活方式。 4.体育品德:培养学生勇敢、果断、顽强的意志品质和超越自我的精神以及良好的心理素质和协作互助精神。
重点	1.转体迅速,动作体现突然性 2.蹬跨有力,为腿部提供强大的力量支撑 3.探肩下压,降低重心,为突破对手,为向前推放球提供条件 4.护球,防止球被对手抢走、打掉、断球
难点	1.蹬跨动作的突然性 2.突破时机的选择
教学方法	1.讲解法 2.示范法 3.练习法
使用资源	纸质材料、网络资源
使用教具	口哨、战术板

| 课前准备 | 1.上课之前,提前一天通过网络(优学院、腾讯会议)平台,将本次课的内容"学习交叉步突破"的视频发送给学生,让学生提前预习,建立动作概念,了解交叉步突破技术动作,了解交叉步是前锋队员和后卫队员在面对防守队员的贴身防守时,使用的有效突破"过人"上篮或者时分球技术动作之一,能给防守队员造成有效的"杀伤"。
2.挖掘技术动作的"红色历史",在抗日战争时期,民族矛盾深重,贺龙同志领导的120师,有一支"战斗"篮球队,他们一边打仗,一边生产,空闲时期进行篮球训练和比赛,当时战斗篮球队的技艺非常精湛,给解放区人民带来极大的"精神慰藉",交叉步持球突破技术,就是当时他们运用的非常纯熟的技术之一,为中国篮球运动技术的迅猛发展奠定了基础。 |

课的部分	时间	课程内容	练习习量		组织教法与教学要求
			次数	时间	
准备部分	15分钟	一、整队检查人数 二、师生问好 三、介绍本次课教学内容与要求 四、安排见习生 五、准备活动 1.充分活动身体各关节,增加身体热量。 2.熟悉球性,增强手感,充分身体活动,为学习新授课内容奠定基础。 3.熟悉球性,增强手感,充分身体活动,为学习新授课内容奠定基础。	1 1	3'分钟 3'分钟	组织队形: 组织:成四列横队集合,如图示一:　　　　思政元素 守纪 要求:精神饱满,注意力集中。 a)严格课堂上课时间,加强组织性、纪律性遵守场馆的个性规章制度 b)教育和培养学生的自觉练习,提高技术和战术水平 练习队形: 1.绕篮球场慢跑3圈。 2.交叉步、滑步、后退跑、转身等练习。 3.原地徒手操、拉韧带、活动身体各关节。 要求:态度认真,积极主动。 练习队形: 1.行进间各种熟悉球性练习 2.保质保量,动作规范,移动灵活。

准备部分	15分钟	4.两人一组,行进间熟悉球性练习 a.手指推拨球,小步跑 b.手指推拨球,高抬腿 C.跑跳步,拉伸 d.头部、腰、膝关节环绕 e.胯下绕球 f.前后击掌抛接球 g.从后向前抛接球 h."之"字型运球上篮 步骤: 1.教师讲解练习方法与要求。 2.教师示范。 3.学生练习。	1	9'分钟	思政元素 守纪 练习队形: 1.行进间两人一组各种熟悉球性练习 要求: 1.完成各种动作规范、协调、连贯,减少失误 2.充分达到熟悉球性的目的
基本部分	60	一、复习同侧步持球突破技术 进一步掌握同侧步持球突破技术,完善接球后瞄篮、跨步、推放球、蹬地 超越的连贯性,提高实战运用能力。 二. 学习交叉步突破技术 1.讲述交叉不持球突破技术的理论构架。 2.讲解交叉步持球突破技术的发展历史,重点讲述技术动作在"红史"中的发展状况及地位。 3.技术分析:交叉步突破技术 以右脚为轴,从防守人左侧突破为例。两脚左右开立(也可与投篮相结合,两脚前后开立),两脚微屈膝,重心降低,持球于胸腹前。	1	10分钟	练习队形: 1.组织同学们做回顾性示范动作 2.教师针对同学做的动作纠错并完善 3.教师组织学生以前后两人为一组进行半场的轮换练习 要求: 1.观察学生练习情况,发现错误动作及时 给予纠正。 2.讲解、示范、纠错,教师巡视指导。 二、组织学生练习 1.蹬跨与转体侧身探肩 方法:以左脚为中枢脚,右脚内侧蹬地后向左 前方跨出(交叉步变向转体)并做好脚尖向前、稍转体、眼向前看、保护好球的动作(再以左 脚为中枢脚做)在以上动作的基础上,再加上转体侧身 动作,(跨步的同时,肩部向前下方压,双手 将球拉向身体的侧后方,头稍侧转) 目的:使学生初步掌握蹬跨与转身探肩技术环 节 要求:动作协调放松,遵守教师指令;注意身 体重心平稳,不要上下起伏,跨步幅度适中,转探时重心压低 2.推放球与加速 方法:身体成蹬跨、转探后的姿势,练习推放球,外侧手稍用力将球推放至前脚的前外越 30公分的位置 在以上动作的基础上,加上加速动作(中枢脚离地的,跨出第二步) 目的:让学生基本掌握推放球与加速的动作技术环节 要求:注意外侧手放球用力,与推放球的位置,中枢脚离地一定要在放球离手之后。

续表

基本部分	60分钟	突破时,左脚前脚掌内侧迅速蹬地,将重心移至右脚,左脚向防守者左侧跨出,脚尖指向突破方向(右脚以前脚掌为轴碾地,脚尖向右转),上体稍向右转侧肩,左肩向前下方压,同时将球引至右侧,在右脚离地前,右手将球推拍至迈出脚的侧前方约30厘米处,同时右脚用前脚掌内侧全力蹬地,加速前进,重心前移,超越防守队员(如下图) 	1 1 3	50分钟	4.行进间持球完整练习 方法:1.如下图,按教师指令,完整动作,学生两人一组,一攻一守,进攻人持球,防守人与其相距一步,进攻人做交叉步突破,运球超越防守人后,转身把球交给防守人,二人转换攻守角色,如此反复。 2.熟练以后,结合面对篮筐,两人一组进行练习。 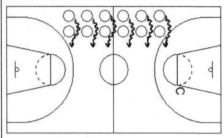 要求:按照教师指令横排一起做,注意左右侧要轮流做,突破时进攻人要贴近防守人熟练后可要求防守人,抬起手臂,让进攻从自己腋下穿越,使其重心降低,也可以要求进攻方突破前做一步急停接球 4.交叉步持球突破结合分传球练习 方法:按老师要求,将学生分成两组,一组在三分弧顶90度,一组在右侧底线零度,接到教师的回传球后,学生持球按照强侧原则进行突破,遇到协防时快速传球,然后其他学生接到传球后继续突破分球,如此反复。
		4.教学重点及难点讲解 教学重点:转体迅速,蹬跨有力,探肩下压、护球 教学难点:蹬跨动作的突然性和突破时机的选择 5.教师示范交叉步突破技术并讲解 6.教师组织学生以组为单位进行交叉步突破练习 7.根据学生的练习情况,及时改错、纠正 8.组织学习进行突破分球练习	3 2 2 1 2 2		
结束部分10分钟		1.集合整队,放松,拉伸 2.收拾清点器材 3.课堂点评,师生互评,学生之间点评,也可也向老师质疑 4.宣布下次课的内容 5.提供学生网络资源及文字资源的获得路径 6.提醒同学们坚持使用KEEP PP软件监测跑步 7.归还器材,下课			

续表

场地布置	篮球场地一块	器材设备	篮球20个、标志杆6个
课的小结	1.通过本次课的学习,大部分学生能够基本掌握交叉步突破技术 2.80%左右的学生已经可以在实战中运用此项技术 3.还有10%左右的学生,还不能熟练掌握运用,这些同学在课后我会通过相关视频和网络进 督促练习 4.希望通过认真学习,大家整体能力都所提升		

第四章 高校篮球不同位置技战术练习方式

第一节 后卫练习方式

理念:在 NBA 有很多球员会休赛期聘请一些私人教练进行个人技术的专项训练,这个时间段是提高个人技术的非常好的时间,同样个人技术的训练对于球员的发展也是非常重要。任何的球员技术练习都是先从球性开始练习,无论是大个球员还是小个球员,球性的练习对于他们来说都是非常重要的。这些技术让运动员左右手都要练习,没有强弱手之分,如果教练员在训练当中发现队员有强弱手的话要重点加强队员弱侧手的训练,最终达到左右手都能熟练控制篮球的目的。

第一阶段:球性练习

练习一:胯下行进间交换手持球练习

方法:所有队员每人一个球站到一侧边线位置,听教练口令所有队员向另一侧边线位置做胯下交换手持球的练习,当到达另一侧边线后做后退的胯下交换手持球练习(见图4-1)。

要点:不要让球落地,身体重心要低,不要起伏,

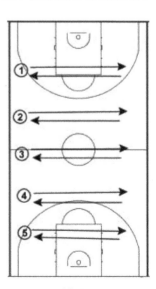

图 4-1

先慢一点之后可以稍微快一点。抬头,眼睛目视前方。

变化:行进间胯下运球练习

变化 1:和上个方法类似,不同点在于队员们要做胯下运球。

要点:队员们一手做胯下运球的同时,另一只手触摸一次地面,如果球员水平比较低的可以要求他们两次运球做一次胯下。

练习二:原地单手拉球练习

理念:左右拉球是运动员在比赛中经常会用到的一个动作,特别是 NBA 球员,我们可以看到他们在比赛当中很多动作都有运用。这种练习不仅很好地练习球性,而且比赛实用。

方法:所有队员横跨边线站立,每人一个篮球,重心降低做单手的左右来回拉球的练习。

变化 1:行进间的左右来回拉球练

方法:队员们单手行进间到达另一侧边线位置,之后后退做同样的拉球动作 回到起始位置。

变化 2:行进间前后拉球练习

变化 3:行进间左右拉球接前后拉球练习

方法:这个练习结合上面两个练习,队员们在做行进间拉球的时候先做左右 拉球之后变化前后拉球,两种动作交替进行。

要点:左右手都要练习,拉球时眼睛要向前看,速度可以随着练习的深入逐 渐加快。

练习三:单手背后的行进间运球

方法:所有队员站位如上图(4-1)所示,每人一个球,运动员做单手的行进间背后 运球绕到身体前侧的练习。运动员从一侧边线前进到另一侧边线,到达另一侧边 线后同样的动作做后退的练习。尽量一次运球完成背后绕身体一周的运球,如果 运动员一次不能完成可以两次运球完成,这种练习可以增加队员们的欢乐感和创 造力。

练习四:里外虚晃运球练习

方法:所有队员站位如上图(4-1)所示,每人一个球,运动员闭上眼睛,重心降低 做原地的里外虚晃运球练习。

要求:球的高度一定不要超过膝关节,运动员原地运球 20 次后行进间的同样动作运球到对侧边线,到达另一侧边线后做后退的行进间里外虚晃练习。

右侧做完换成左手。这个是虚晃练习的基本功,也能练习到大腿的肌肉力量。

练习五:虚晃加体前变向运球练习

方法:所有队员站位如上图(4-1)所示,每人一个球,运动员站在边线,先原地虚晃加体前变向练习,20次之后做行进间的同样动作运球到对侧边线,当到达另一侧边线后再做后退的练习。节奏感非常重要,身体重心要左右来回移动,但不要上下起伏。

练习六:双手行进间运球练习

方法:所有队员站位如上图(4-1)所示,每人两个球。运动员双手同时行进间运球,当到达半场后做后退的同样动作的练习。这个练习为了让运动员建立节奏感,我们希望队员建立自己的节奏感,这样才能控制整场比赛。

要求:运球时运动员要跳起来,运球要用力。

变化:同样方法,三次低运球接三次高运球。

练习七:节奏感模仿练习

方法:所有队员双手持球,一人原地做节奏感的运球练习。不同的力度和时间间隔球在地板上所发出的声音是不同的,要求其他队员在听见这种节奏的声音后也要跟着这种节奏做相同动作的运球。

变化1:随着队员节奏感的提高可以变换练习内容,一个球员做节奏感的练习其他球员做相反节奏的连续练习。

变化2:随意动作练习

方法:队员双手持球,闭上眼睛做随意动作的30秒运球练习。

练习八:两人一组的激励运球练习

方法:一名球员双手随意运球,另一名球员击打运球人,同时通过语言上的激励使得运动员更加努力。

理念:这些运球练习有很多种方法,我们可以每天去变换练习内容,使运动员每天都充满乐趣,并且使得他们能够不断挑战自己。

练习九:两人一组运球加踢球组合练习

方法:两人一组面对面站立,队员每人两个球,同时每组地面放置一个篮球。队员们双手同时大力运球,同时和同伴之间配合,用脚去踢球,同伴用脚接到球后踢给回给队友(如右图4-2所示)。

图4-2

变化:先原地之后可以行进间的踢球练习。

要点:队员注意力不仅要集中在双手运球上

同时也要集中到踢球上,这样可以练习运动员一心二用的能力。

练习十:行进间按照固定路线的运球练习

方法:(图4-3)所有队员分成两组分别站到两侧底线边角位置,每组排头持两个球同时先沿着边线做横滑步的运球练习,当到达油漆区位置后沿着油漆区横线做前进的双手同时运球,之后到达罚球线后做横滑步练习,之后后退,最后横滑步回到对侧底角。队员们在到达罚球线附近时会相遇,这时候一定要及时交流和沟通避免碰撞。

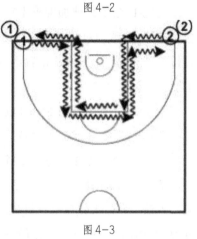

图4-3

变化:一手高运球,一手低运球的相同路线练习。

理念:如果教练员在训练当中感觉队员什么能力需要提高,我们就可以在练习内容之间添加什么成分在里面,如这种练习就可以练习队员之间的沟通能力。

第二阶段:上篮练习

练习一:全场运球上篮练习

理念:刚开始我们进行了各种球性练习之后,接下来的练习会结合到运球和上篮的练习。

在快攻当中后卫运球快速推进和平常运球是不一样的,我们在训练当中也要重点加强后卫们的快速运球推进的能力。

方法：所有队员排成一排单手持球，以最快的方式四次运球推进到前场后上篮（如右图4-4所示）。

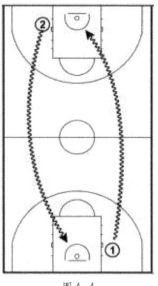

图4-4

要求：规定运动员只能单手运球，去的时候右手，回来的时候左手。这种练习能够迫使队员在快攻当中最快速度推进球，而不是向普通运球在身体体侧一样，这样才能够在快攻当中以最短的时间通过全场。

变化1：全场运球加虚晃上篮

方法：运球到对侧3分线附近后做急停虚晃后直接三步上篮。注意虚晃后不要运球，直接三步上篮。

变化2：全场运球加虚晃体前变向运球上篮

变化3：全场运球加单手背后上篮

变化4：全场运球接急停小碎步后加速突破上篮

练习二：篮下来回勾手练习

方法：所有队员在篮下排成一队，面对篮筐做正面的左右手来回打板勾手练习，左侧用左手勾手后，在最高点拿到篮板球，换成右手从右侧勾手，尽量不要让球落到地面，要求脚步动作清楚。

变化1：双球的左右来回打板勾手练习

方法：和上个方法类似只是增加了一个球，两手各持一个球，左手勾手后左手接住下落的球之后右手勾手投篮，右手接住球。

变化2：不打板双球的勾手练习

方法：练习同上，只是尽量空心入网，不要打板投篮。

变化3：背对篮筐做单球的打板勾手练习

变化4：背对篮筐做单球不打板的勾手练习

变化5：背对篮筐双球的打板勾手练习练习

练习三：5点连续上篮练习

方法：（图4-5）在半场左右零度角、45°角和弧顶三分线位置五个点分别放置五个标志物。运动员持球从标志物1点开始接教练员传球后不运球直接上篮,如果上进的话移动到标志物 2 点,如果上篮不进重新回到标志物 1 前重做,如此依次完成五个标志物点。

图 4-5

要点:左侧位置左手上篮,右侧位置右手上篮。如果上篮不进就重做这个点的上篮。这不仅仅是一种体能练习,更是心理上 的不断挑战。锻炼运动员在体力即将耗尽的情况下完成上篮的能力。

变化 1:五点连续反手上篮的练习

变化 2:五点连续的一次运球后虚晃上篮练习

要求:教练员可以把一些例如虚晃、体前变向等动作加入这次上篮的练习当中。在训练当中教练员要时刻观察运动员的表现,脚步是否正确,左右手是否均衡,如果哪方面有问题在接下来的训练当中要重点强化这方面的训练。

第二节 内线练习方式

理念:教练员应重视构建属于自己的球队文化,要体现在训练的各个环节。教练员要注意把平时训练环境和比赛环境相结合,最大程度去模拟比赛,这能让队员建立强烈的对抗竞争意识,在攻防中时刻保持侵略性,可以更迅速地适应比赛。

第一阶段:热身阶段

练习一:传球练习

方法:如图(4-6)所示,分成两组面对面站起,一组持球,一组准备接球。

要求:传接球时保持三威胁姿势站立,根据个人情况可前后脚站立

变化 1:双手胸前传球

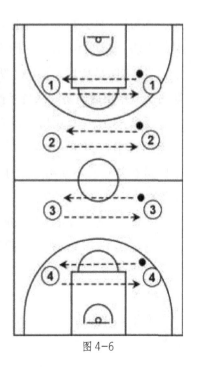

图 4-6

变化 2：双手击地传球

变化 3：头上传球假动作接单手击地传球

变化 4：头上传球

变化 5：向下挥摆球后接头上传球

变化 6：刺探步后接头上传球

练习二：侧滑步行进间胸前传球

方法：如图（4-7）所示，队员持球分成两队到底线站立，两名球员相距 4—5 米，利用侧滑步向中线方向移动，同时传接球，一名队员胸前直线传球，一名队员胸前击地传球。第一组队员行进至中线时，第二组队员出发。

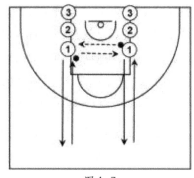

图 4-7

要求：传球时，双手持球于下颌位置，不要将球放到胸口。移动方向的同侧脚先跨出去，后侧脚再蹬。保持三威胁姿势，控制重心避免上下起伏，注意相互沟通减少失误。

第二阶段：对抗性练习

练习三：两人攻防对抗上篮练习

方法：如图（4-8）所示，两人一组，从中线出发，①队员持球上篮，X1 队员防守，①队员上篮结束后与防守队员互换位置。

要求：①队员利用肩膀顶靠防守人，在上篮过程中控制速度，保证对抗强度。防守队员在防守时不断给予持球人压迫直至上篮结束。

图 4-8

变化 1：进攻防守队员未能完全超越防守，始终用肩膀挤靠防守上篮

变化 2：防守队员跟防至限制区附近，进攻队员突然加速跨步突破上篮

变化 3：至限制区附近防守队员卡位封堵进攻队员上篮路线，进攻队员后转身上篮

变化 4：至限制区附近防守队员封堵上篮路线，进攻队员后转身接假动作投篮

练习四：6秒全场一对一攻防对抗练习

方法：如图(4-9)所示，①代表进攻队员②③代表场下轮换队员，X1代表防守队员。开始阶段：①队员从中线持球开始进攻，X1队员防守，①队员进攻成功后继续进攻，X1队员跟②队员进行防守轮换。如果①队员没有进攻成功，X1队员抢到后场篮板则攻防立刻进行转换，全场攻防，攻防过程中包含篮板球，攻防直至进球才进行轮换。进球的得分算入队员个人得分，分数根据教练员来拟定，当到达相应分数时练习结束。

图4-9

要求：过半场后6秒钟时间内完成进攻，攻防中没有边线限制，时刻保持对抗性，在疲劳时合理分配体能。

第三阶段：中锋位置技术练习

练习五：原地对抗性勾手练习

方法：在合理冲撞区前，成三威胁姿势侧身面向边线站立，防守人可以通过推挤髋部等动作加入对抗因素

要求：重心保持在同一水平面，眼睛观察篮筐，出手点处在身体侧面远端

变化1：向后半转身假动作后勾手投篮

变化2：原地勾手投篮假动作后跨步投篮

变化3：向后半转身假动作接原地勾手假动作后投篮

变化4：后转身后投篮

变化5：后转身接假动作后勾手投篮

练习六：内线队员抢篮板球后快传练习

方法：如图(4-10)所示，内线队员站于篮下，向篮板抛球后跳步急停抢篮板，抢到篮板球后快速传球给队友，队友接球后运球上篮。

要求：抛球时预判落点，结合之前练习的传球技术快速传球。

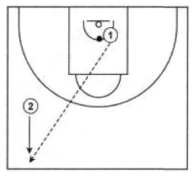

图4-10

练习七：单手连续击篮板练习

方法：模拟单手抢篮板，一只手模拟阻挡防守人，另一只手配合起跳连续击打篮板。

要求：全力快速起跳，控制好身体重心，判断回球落点，把握起跳时机 变化1：右手连续击篮板。

变化2：左手连续击篮板

变化3：左右手交替击篮板

练习八：持球碰篮板后投篮练习

方法：双手持球举于头上，双脚与肩同宽，屈膝向上尽力纵跳，起跳时伸直手臂用球去碰撞篮板。

要求：尽最大能力去连续碰篮板，到达规定次数后投篮完成练习。

练习九：拿地板球后上篮练习

方法：如图（4-11）所示，拿两个球放置限制区45°，队员选择一侧迅速捡起球后跨步上篮，然后转换至另一侧继续捡球上篮，其他队员帮助抢篮板放置原位。

要求：队员降低重心，迅速捡球后调整步伐进行上篮。

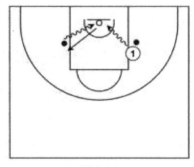

图4-11

练习十：低位攻守对抗练习

方法：如图（4-12）所示，教练在三分线外准备传球，内线队员利用摆脱技术进行要球，低位接球后，只允许通过一次运球内切，随后利用半转身，后转身，假动作等技术去调动防守人重心移动后，完成勾手投篮。

要求：运球时降低重心，跳步急停，利用肩膀挤开防守人，出手时：眼看篮筐，出手点处在身体侧面。

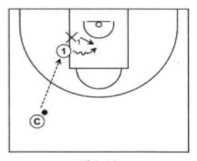

图4-12

变化1：向后半转身假动作接勾手投篮

变化2：转身后勾手投篮

变化3：原地假动作接勾手投篮

变化4:后转身假动作接原地勾手投篮假动作接跨步上篮

变化5:结合以上所有脚步进行一对一练习

第四阶段:平衡练习

理念:平衡练习可以加强和激活我们的腿部力量,在NBA中经常可以看到队员在一些失去平衡的情况下出手命中,这就是平衡练习在日常训练中给予的帮助。

练习十一:全场纵跳练习

方法:如图(4-13)所示。所有队员站成一列位于底线,根据教练口令进行练习。

要求:准备动作:两腿稍微分开,膝盖微屈,身体前倾,起跳动作:两臂从后向前做有力挥动时,前脚掌迅速蹬地,膝关节充分蹬直同时展髋向前跳起,起跳后控制重心,轻盈落地并快速变为准备姿势。教练可以通过推搡检验稳定程度。

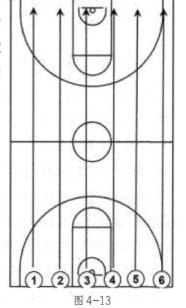

图4-13

变化1:双脚向前纵跳 停1秒

变化2:双脚向前纵跳 停3秒

变化3:双脚向前纵跳后接向上纵跳 停1秒

变化4:双脚向前纵跳后接向上纵跳 停3秒

变化5:单腿模拟上篮纵跳练习

练习十二:无球两步急停跳投练习

方法:同上图(4-13)站位。队员站成一列至底线,根据教练口令一起出发,左右脚交替上步。

要求:上步时,出脚平稳,保持重心稳定,两步完成急停,避免多余碎步,跳投时,屈膝挺腰,身体重心落在两脚中间,把力量集中在腿上,用力跳起,注意举球和起跳同步,在最高点将球投出,过程中控制身体,跳投后尽可能落回起跳点。

练习十三:无球原地假动作练习

方法:同上图(4-13)站位。队员站成一列位于底线,教练员根据动作类型编号1、2、3,例如:编号1刺探步,编号2投篮假动作,编号3刺探步接投篮假动作。教练员通过大声喊出口令编号,让队员立刻反映做出相对应的动作。

要求:投篮假动作时,投篮队员要控制好重心,调动防守人重心,动作幅度尽量小。运用刺探步时,重心稍向出脚侧倾斜,脚步出实,幅度不宜太大。

变化1:刺探步练习

变化2:假动作投篮接刺探步练习

第三节 多种进攻练习

理念:在安排日常训练时,教练员应该根据训练内容,仔细设计训练环节,筛选练习项目,强调循序渐进,遵循由原地技术到移动技术,由个人技术至多人配合等运动规律安排训练。在训练中要时刻观察运动员动态表现,抓住运动员心理波动在适当时机给予鼓励。

第一阶段:投篮练习

理念:投篮是比赛中常用的得分手段,根据原地、行进间和触地等投篮练习模拟比赛中可能出现的投篮情况,在训练中尤其注意队员强弱侧投篮问题,尽量安排针对性训练,达到强弱平衡的竞技状态。

练习一:接球原地投篮练习

方法:如图(4-14)所示,教练员持球位于篮下,运动员根据教练要求站位,运动员原地接球后投篮,接球前应做好投篮准备。接球时,掌心空出,控制好球。投篮时,两脚蹬地,腰腹伸展,两臂向前上方伸出,手腕同时外翻,拇指稍用力压球,食指、中指拨球,使球从食指、中指指端飞出。球出手后,脚跟提起,身体随投篮出手方向自然伸展。投篮人首先垂直篮筐下位置开始练习,教练

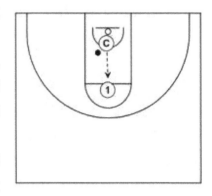

图 4-14

员可根据情况以篮筐为扇形,变换角度,距离等以提高难度和强度。

要求:投篮尽量空心入筐,接球时脚尖指向篮筐,合理控制重心,避免上下浮动导致力的流失,接球后立即出手,减少对球的多余调整,出手投篮后立刻

回到接球投篮的初始姿势。

练习二:接球交叉上步跳投

方法:如图(4-15)所示,教练员持球于篮下,运动员左右切入进行交叉步跳投,教练可以选择不同传球方向、方式、力度等控制练习队员左右侧上步脚步的变化。在投篮过程中教练应观察投中和未投中球的区别,进行动作纠正,当运动员连续投中球时,要让运动员继续练习强化肌肉记忆。

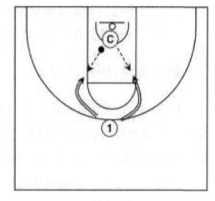

图 4-15

要求:上步时,出脚平稳,保持重心稳定,两步完成急停,避免多余碎步,跳投时,屈膝挺腰,身体重心落在两脚中间,把力量集中在腿上,用力跳起,注意举球和起跳同步,在最高点将球投出,过程中控制身体,跳投后尽可能落回起跳点。

变化1:接球上步跳投

变化2:接球试探步跳投

变化3:接球假动作跳投

变化4:接球假动作后试探步投篮

变化5:单手接球虚晃动作后跳投

变化6:单手接球虚晃动作后变向投篮

变化7:罚篮

练习三:触地跳投练习

方法:三威胁姿势站立,两肘自然下垂,将球置于胸前,目视瞄准点。两脚左右开立,两膝微曲,重心落在两脚之间。双手持球触地后跳投。

要求:在球触地时,重心处于同一水平面,避免重心起伏,做假动作时,控制动作节奏变化,跳投时,屈膝挺腰,身体重心落在两脚中间,把力量集中在腿上,用力跳起,注意举球和起跳同步,在最高点将球投出,过程中控制身体,跳投后尽可能落回起跳点。

变化1:触地投篮

变化2:触地试探步接触地投篮

变化3:触地假动作接触地投篮

变化4:触地假动作后试探步接触底投篮

第二阶段:快攻练习

理念:快攻是由防守转入进攻时,以最快的速度、最短的时间在人数上造成以多打少的优势,或在人数相等以及人数少于对方的情况下,趁对方立足未稳,果断而合理地进行攻击的一种进攻战术。

练习四:三人"8"字快攻练习

方法:如图(4-16、17)所示,①传球给②迅速从②身后绕过向前跑,②传球给③迅速从③身后绕过向前跑,③再传给①迅速从①身后绕过向前跑。

要求:传球流畅,推进速度快,队员积极相互沟通,保持好队员之间距离。

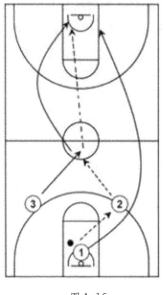 

图4-16 图4-17

变化1:5次传球过半场

变化2:4次传球过半场

变化3:3次传球过半场

变化4:2次传球过半场

练习五：全场 3 打 2 后转 2 打 1 攻防练习

方法：如图（4-18）所示，②③队员向两侧快下，①队员持球从中路快速推进，尽可能在最短时间内结束进攻。X1X2 防守队员前后站位保护篮筐。3 打 2 进攻结束后，投篮的进攻队员迅速回防，两位防守抢篮板发起反击形成 2 打 1。

要求：进攻队员尽可能分散，拉开防守队员空间。防守互相沟通配合，一个收缩防守篮下，一个去干扰有球队员。

第四节　快攻练习

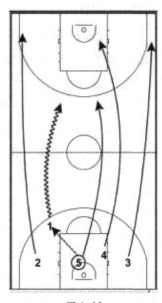

图 4-18

理念：快攻可以说已经是当今篮球发展的趋势，为什么那么多球队和教练员喜欢快攻呢？第一，这样可以让球队很快地得分；第二能够给防守压力；第三可以将对方带入自己的进攻节奏。本节我们从快攻的发动、进入半场后的衔接进攻等详细讲解。快攻最重要的是节奏和进攻空间，教练员必须要明白球员在哪个位置更为合适，快攻当中球员的位置和阵地进攻当中有些区别，我要求快攻当中的轮转，每个球员的位置是可以交换的。

练习一：抢到后场篮板球后的全队快攻练习

练习方法：图（4-19）全队 5 名球员在后场，4 号位和 5 号位在篮下准备抢篮板，2 号位和 3 号位准备沿边线快下，1 号位准备接应一传。教练员将球抛向篮筐，4 号位和 5 号位抢篮板，当 4 号位或者 5 号位抢到篮板球后快攻开始，2 号位和 3 号位迅速沿边线快下到前场底角三分线位置，没有抢到篮板的内线（4 号或者 5 号）快速移动到前场限制区内要位，抢到篮板的内线球员快速传球给 1 号位，1 号位接球后快速推进到前场，传完球的内线也快速跟进到前场。

图 4-19

要求：1.如图(4-20)所示，我们将半场分成四个区域，这四个区域非常重要，外线的四名球员必须时刻保持平均分布在这四个区域内，如果一侧区域没人，那么其他队员要过去补位。

2.每次持球人在传球后传球人有两种选择，第一种是挡拆，第二个是切走。队员们要时刻占领这四个区域。

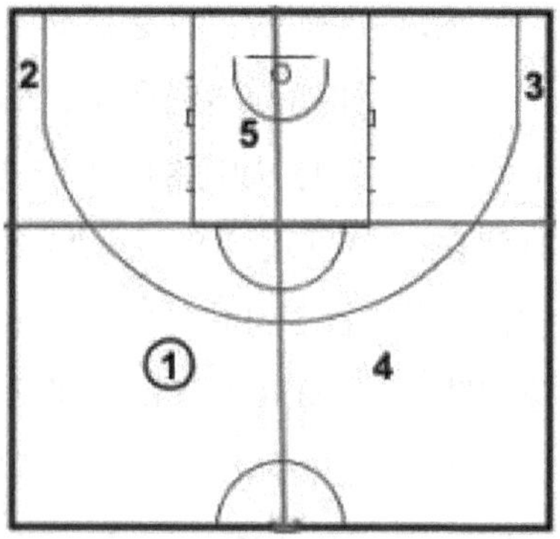

图4-20

3.快攻当中第一个机会是锋线球员接球后的进攻，第二个机会是锋线球员球传给内线得分，第三种是传球后的切入投篮。

4.这个也能练习到队员们的体能，如果队员有充沛的体能那么队员们在比赛当中就能够更为轻松地打每场比赛。

5.我希望锋线球员在快攻当中能够迅速到达两侧的底角三分线外位置。在 篮球快攻当中，底角三分线位是非常重要的，因为当锋线进攻球员进入这个位置后不仅能够拉开进攻空间，往往还能够获得轻松的进攻机会。如果我们五名进 攻球员快速到达前场这会给防守人非常大的压力。

6.我们希望快攻当中每个球员都能胜任四个区域的任何位置。当到达半场以后希望球员们能够拉开空间，这样防守就会变得非常困难。

7.队员们一定要及时交流，这样才能够时刻保持场上四个区域一直处于平衡的状态。 在快攻当中我们不希望后卫持球推进到前场后停止下来，我们希望他立刻发动进攻。

8.先进行五人的快攻训练，无人防守，规定队员在半场后利用这些规则的不断传切，传五次或者一定次数后才能得分。

变化 1：当持球人向锋线球员位置移动时轮转

方法：在快攻当中，当球员各自进入自己区域后，持球的 1 号位喊"rotation"的时候，持球人向强侧底角运球，底角的锋线向篮下切入，同时外线轮转占据各个位置（如

图4-21

图4-21)。

变化2：底线锋线球员交叉跑位练习

方法：在快攻当中当球员各自进入自己区域后，持球的1号位喊"switch"的时候，两侧底角位置的2号位和3号位溜底线交换位置(如图4-22)。

变化3：强侧锋线给持球人挡拆

方法：在快攻当中当球员各自进入自己区域后，持球的1号位喊"push"的时候，位于强侧底角的锋线队员上来给持球的1号卫挡拆，锋线2号位挡拆完向外弹，持球的1号位传球给外弹的2号位发动进攻(如图4-23)。

图4-22

变化4：拖后的内线给持球人挡拆（drag）

方法：在快攻当中当球员各自进入自己区域后，持球的1号位喊"drag"的时候，拖后的4号位上前给1号位进行挡拆，1号位借助高位挡拆可以自己突破或者传球给挡拆后下顺的4号位发动进攻。（如图4-24）

图4-23

要求：1.队员们除了要遵循空间和节奏原则还有一些小的要求，即任何人接到球后都可以向篮下突破，只是向内线突分后不希望接球的人还进行突分，不能发生两次连续突破，因为这样进攻区域就会变得非常拥挤，防守的难度降低。

2.队员们在训练当中可能会犯很多错误，但是教练员不要生气，因为即使高水平的运动员也会犯很多错误，这些错误很正常，教练员需要耐心的指正这些错误，不要就此埋怨队员。

图4-24

练习二：三人全场快攻投篮练习

方法：图(4-25)全队人员参与训练，前场三分线的两侧底角位置各站一名球员①，每人一球，后场一名球员①站在篮下持球，其余球员分成两队排在左右两侧底角三分线位置。

听教练口令开始发动快攻，后场两侧三分底角的两名球员(2 和 3)快速沿边线快下，篮下抢到篮板的人①快速传球给任意一侧的快下球员，一侧接球的球员接到球后再传给另一侧快下的球员，这名球员接到球后完成上篮，一传和二传的两名球员快下的前场接前场两侧底角的球投篮。

图 4-25

上篮的人和两侧底角传球的人组成新的三人组合进行快攻，如此循环往复。在这个快攻练习当中不仅练习到了球员的长传能力、接球投篮能力而且练习了球员们的体能。

要求：1.全队参与进来，传球和移动要快，要在类似于真实比赛强度下完成快攻练习。

2.教练员可以规定时间内完成让队员完成一定的得分。如 4 分钟时间内，投进一次算一分，要求一共得 80 分，如果没有达到进行相应的惩罚。

练习三：全场四对四传切配合练习

方法：全队进行四对四的传切配合，比赛当中按照前面的落位要求，四名进攻球员要始终在半场的四个区域内，如果一个区域没有人其他区域的球员要进行部位，保持球场上的空间。进攻开始时持球人接到球在后场可以运球，一旦过了中线就只能传球和投篮不能运球，进攻队员们开始进行传切配合进攻。如图(4-26)所示，1 号持球传给 4 号位后向篮下空切后回到左侧底角，2 号位上提的左侧 45°角位置。

要求：1.每次传完球后只有可以有两种选择，一种是给弱侧球员掩护或者切入篮下，其余球员补位切入球员的位置。

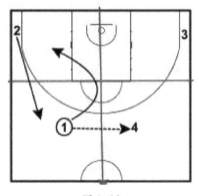

图 4-26

2.这些练习能够很好地练习球队的传切配合意识和球员们的场上空间感。教练员可以根据需要把一些练习方法加入到自己进攻战术体系的练习当中。

3.没有犯规和界外球。只有比较严重的犯规教练员可以叫停比赛重新开始。

4.进球得一分,哪个队先得四分哪个队胜利,输的球队进行全场冲刺跑。

变化:允许进攻人到达中场线后有一定次数的运球机会,例如每名进攻队员 进入中场后有两次运球的机会,这样能够增加进攻队员的创造力。

理念:作为一名教练员要建立一支更有竞争性的球队,特别是比赛最后时刻,双方都很累,最后就要看谁能够打破僵局,只有平时训练当中队员们更有竞争性,比赛当中才能够更加获得比赛胜利。训练当中输的球队要获得惩罚,比如全场冲刺,希望用这些方法让球员们知道输是不允许的。培养队员们拼搏精神、竞争意识和个人技战术训练同等重要,所以要不断让运动员知道有竞争性、对抗性的重要性,建立一支这样的球队。教练员是场上最坏的那个人,但是要知道只有这样才能够让队员变得更好。

第五节　半场进攻练习

练习一:挥摆球突破上篮练习

方法:如图(4-27)所示,全队分为两组,五人一组,位于中场线两侧。两边第一个持球人挥摆球运球上篮后,拿篮板将球传给对侧第二名球员,对侧第二名球员迎前接球后,顺势做挥摆球突破上篮。

要求:迎前接球,顺势做挥摆球动作,一侧做左手突破,另一侧做右手突破。

变化1:挥摆球突破+变向上篮

如图(4-28)所示,方法同上,球员挥摆球运球突破至标志桶处,做体前变向运球后突破上篮。上篮结束拿篮板,重复之前的轮转。

变化2:挥摆球突破+虚晃上篮

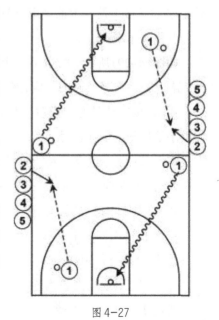

图4-27

如图（4-28）所示，方法同上，球员挥摆球运球突破至标志桶处，做单手虚晃运球后突破上篮。上篮结束拿篮板，重复之前的轮转。

要求：虚晃运球后直接上篮，不要有多余的运球动作。

变化3：挥摆球突破+单手背后上篮

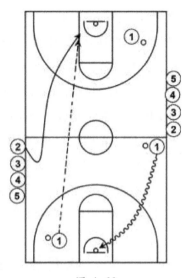

图 4-28   图 4-29

如图（4-29）所示，方法同上，球员挥摆球运球突破至标志桶处，做单手背后运球 后突破上篮。上篮结束拿篮板，重复之前的轮转。

变化4：长传球上篮

如图（4-29）所示，两边第一个持球人挥摆球运球上篮，上篮结束后拿篮板，异侧 第二名球员迎前接应，然后反跑沿边线快下，接后场长传球上篮。

要求：接应球员迎前摆脱接球，接球未成功，反跑快下，快攻上篮的队员伸出手给传球的同伴信号。

练习二：3人"8"字围绕上篮练习

方法：如图（4-30）所示，三人一组，三人五传上篮。

要求：全队说话，进行沟通。

变化1：三人四传上篮

方法：如图（4-30）所示，三人一组，三人四传上篮。

要求：全队说话，进行沟通。

变化2：三人三传上篮

方法:如图(4-30)所示,三人一组,三人三传上篮。

要求:全队说话,进行沟通。

变化3:三人二传上篮

方法:如图(4-31)所示,三人一组,三人二传上篮。

要求:快下队员沿边线全速快下,返回时,1号位快下,3号位抢篮板,2号位接应。

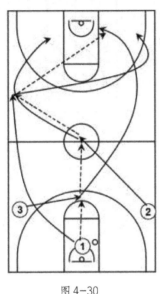

图4-30   图4-31

练习三:5人快攻上篮练习

方法:如图(4-32)所示,全队五人快攻,五号位抢到篮板后,将球传给1号位,2、3号位沿边线快下,1号位快速运球推进将球传给3号位,3号位接球后直接上篮。返回时,4号位抢篮板,将球传给1号位,1号位快速推进,将球传给2号位,由2号位接球上篮。

变化1:中锋切入上篮。

方法:如图(4-33)所示,全队五人快攻,5号位抢到篮板后,将球传给1号位,2、3号位沿边线快下,1号位快速运球推进将球传给3

图4-32

号位,3号位在右侧45°角接球后急停,同侧4号位切入篮下,接3号位传球上篮。返回时,4号位抢篮板,将球传给1号位,1号位快速推进,将球传给2号位,2号位在右侧45°角接球后急停,同侧5号位切入篮下,接2号位传球上篮。

要求:进球后,两名内线其中一人快速抢发底线球,另一名内线队员快速移动到蓝下,做好进攻的准备。

变化2:Drag后中锋上篮

方法:如图(4-34)所示,连接上图,当1号位长传球未果,由1号位快速运球至右侧45角,2、3号位移动至两侧底角,跟进的5号位为1号位做掩护,4号位移动至左侧低位,1号位与5号位做高位挡拆,1号位利用掩护突破,可将球传给挡拆后下顺的5号位,或移动至左侧的4号位,或左侧上提的2号位。

变化3:Drag后位突破上篮

方法:如图(4-35)所示,连接上图,当1号位长传球未果,由1号位快速运球至右侧45°角,2、3号位移动至两侧底角,跟进的5号位为1号位做掩护,1号位与5号位做高位挡拆,5号位下顺,4号位上提至高位,1号位利用掩护突破直接上篮。

要求:每一名球员熟悉自己的移动路线,并以最快的速度进行跑动。强调每一次上篮都要进球,强化进球意识。

练习四:半场4V4

方法:如图(4-36)所示,将进攻半场分为1、2、3、4共四个进攻区域。

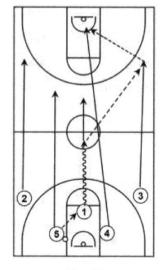

图4-33

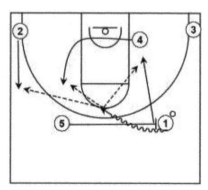

图4-34

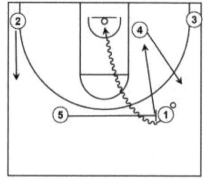

图4-35

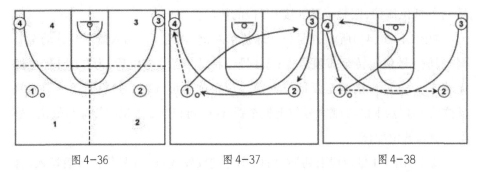

图 4-36　　　　　　　　　图 4-37　　　　　　　　　图 4-38

如图（4-37）所示，1 号位将球传给底角 4 号位，1 号位摆脱后向球切入，同时 2 号位横动移动至 1 区，3 号位上提至 2 区，1 号位切入后移动至 3 区。

如图（4-38）所示，1 号位将球传给右侧 2 号位，1 号位摆脱后向球切入，左侧 4 号位移动至1区，1 号位切入到左侧 4 区。

要求：半场 4V4 不运球，每个队有五次球权，防守队员消极防守。

变化 1：半场 4V0

要求：每个球员可以运球 2 次

变化 2：半场 4V4

要求：每个队有三次球权，每个球员可以运球两次，防守队员积极防守。在进攻过程中四名进攻队员进行轮转，保证四个区域都有进攻球员。强调假动作切入，传球后选择向球切入或为异侧同伴作掩护，并保持开阔的进攻空间，不要压缩空间。切入球员应切进篮下，然后再摆脱出来。在训练过程中，根据球队状况选择要求（如：传球次数等），前期只有传球人切入或掩护，其他人做补位。

练习五：Floppy

图 4-39　　　　　　　　　图 4-40　　　　　　　　　图 4-41

方法：进攻队员如图（4-39）所示站位，1 号位控球，2 名锋线队员利用 4、5

号位的低位掩护,摆脱至翼区接1号位的传球。

如图(4-40、41)所示,1号位将球传给左侧2号位后,切入篮下并移动至弱侧,弱侧3号位轮转至弧顶位置;或1号位将球传给2号位后,为右侧3号位做无球掩护,3号位摆脱至弧顶位置;2号位接球后可选择直接投篮或传给同侧低位的5号位,同时弱侧4号位上提至罚球线,可以接2号位的传球与低位5号位形成高低位配合。

要求:由于1号位没有协防,所以作为进攻发起点。1号位传球后切入,打开空间。2、3号位在低位利用掩护摆脱时,应尽量贴靠掩护队员,避免给追防队员留有空隙。

变化1:

根据球队的特定球员制定投手空位摆脱投篮的机会,如图(4-42)所示,3号位是特定投手,2、5号位同时在低位为3号位做无球掩护,3号位利用掩护摆脱,2号位掩护后利用右侧低位的4号位掩护摆脱,1号位观察传球点并连接上述后续配合。

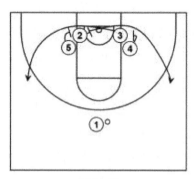

图4-42

变化2:

如图(4-43)所示,2号位利用5号位的低位掩护进行摆脱,2号位利用4号位的掩护移动至右侧高位45°角,同时3号位利用5号位的掩护移动至左侧高位45°角,1号位观察传球点,并连接上述后续配合。

图4-43

变化3:

如图(4-44)所示,2、3号位利用4、5号位的低位掩护交叉跑动进行摆脱,当追防较紧时,2号位可向异侧做卷切,如果追防队员滞后,可接1号位的传球进行投篮,当追防队员跟进,可向右侧高位45°角继续移动接球,同时3号位利用5号位的掩护移动至左侧高

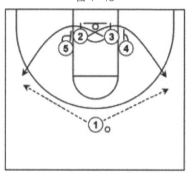

图4-44

位 45°角,1 号位观察传球点,并连接上述后续配合。

变化 4:

方法:如图(4-45、46)所示,1 号位运球至一侧,开始发动。右侧 3、4 号位横移至左侧低位为 2、5 号位作掩护,5 号位利用掩护移动至右侧低位要球,2 号位利用 4 号位的掩护移动至弧顶,3 号位移动至弱侧高位45°角,4 号位掩护后,上提至罚球线可接 1 号位的传球,与 5 号位做高低位配合。

变化 5:Floppy 1

如图(4-47)所示,1 号位将球传给右侧 3 号位,可利用 4 号位的低位掩护摆脱至右侧底角接 3 号位的传球进行投篮,或利用 5、2 号位的重叠掩护摆脱至弧顶,接 3 号位的传球进行投篮。

练习变换一:半场 5V5

要求:防守队员消极防守,进攻队员熟悉进攻移动路线。

练习变换二:半场 5V5

要求:进攻队员五次传球后开始进攻。

练习变换三:半场 5V5

要求:防守队员积极防守。

练习变换四:半场 5V5

要求:三次传球后开始进攻。

练习变换五:全场 5V5。

图 4-45

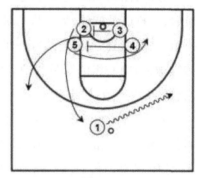

图 4-46

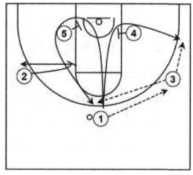

图 4-47

第六节 传切进攻练习

理念:进攻当中最重要的是获得很好的投篮机会并且把它投进,那么怎样才能做到呢？第一点，必须不断转移球和队员，这样防守人也会跟着移动，才有可能获得空位的机会；第二点，设计出合理的战术，把球给球队中得分能力最好的球员进行得分；第三点，我们必须把进攻打完整，运球也非常重要，进攻端非常重要的一点就是教队员如何去打球。

第一阶段：热身训练

练习一：全场行进间胸前传接球练习

方法：图（4-48）全队分成两排站到底线位置，一排队员持球，另一排队员无球，两人一组。第一组队员做连续行进间的双手胸前传接球，当第一组的队员移动到中场线后第二名队员再开始，如此重复。

要求：传球非常重要，这个练习不仅热身而且训练队员们的传球能力，眼睛向前看，双手用力，传球时传到队友胸前。同时队员们

图 4-48

在传的时候也要交流，这点非常重要，传的时候要喊接球人的名字。

变化 1：全场行进间击地传接球练习

要求：注意击地的落球点，一般距离传球人三分子一处。

变化 2：单手行进间传接球练习

要求：右手传球右手接球，始终一个手。如果一个手接不到球的话两个手接球也是可以的。之后可以试着让队员左手传接球。

变化 3：两个球的，一人击地一人胸前的传接球练习

要求：每组的两个队员一定要配合默契，及时交流，两人传球必须同时进行，一个人是击地传球的话另一人就是胸前传球。

练习二：上步防守练习

方法：全队人员三分一组站立，每组当中两侧的球员无球，中间的一名队员持球。听教练员的口令，中间持球人传球给外侧队员后变为防守球员进行上步防守，接球人在接到球后做保护球动作，防止球被断；持球人再把球传给对侧的队友后变为防守人进行上步防守，开始的防守人原地不动变为进攻人。如此不断轮转（如图 4-49、50、51）。

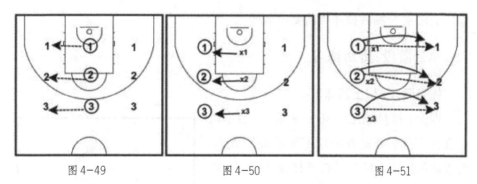

| 图4-49 | 图4-50 | 图4-51 |

这个练习既训练上步防守和防持球人,同时还训练进攻队员的传球能力。我希望球员在接到球后要有攻击性,而不是遇到防守的时候显得慌张。持球人传完球后变为防守人。

要求:1.进攻的目的是不让防守人触碰到球,进攻队员传球时要有假动作后 传球。

2.可以规定4分钟的锻炼时间,这是一个很好的练习方法,一个礼拜可以做两次甚至更多。

变化:可以多一名防守人进行防守训练,这样增加了传球的难度,便于练习队员们的包夹和遭遇包夹后的传球能力。

练习三:"Z"字全场运球练习

方法:全队分成两排每人一球站在全场端线两侧,教练员在场地的罚球线夹角处、中线和边路夹角处放置标志桶,听教练员口令开始,第一排的第一名同学以"Z"字型路线运球行进,每到一个标志桶前做双手体前变向运球。到中场后下一名同学再走,当到达另一侧半场的罚球线夹角时传球给底线教练员,传完后回到队尾(图4-52)。

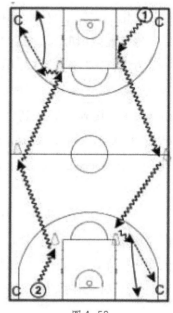

要求:重心下降,抬头向前看,变向时蹬地用力,要全力运球。教练员指定球员依次出发。

变化1:全场胯下变向运球

变化2:全场后转身运球

变化3:全场背后变向运球

图4-52

变化4:全场后拉加提前变向运球

第二阶段:传切练习

练习四:传切上篮练习

理念:篮球场上传切非常重要,很多队员在传完球后就站在原地不知道做什么了,要求队员们传完球后只有三种选择:第一,传完球后向篮下空切;第二,传完球后给其他人做掩护;第三,传完球后到弱侧移动拉开进攻空间。(图4-53)

图4-53

方法:全队分成两排,第一排队员持球站在半场右侧45°位置,第二排站在弧顶位置无球,两人一组。听教练员口令,右侧45°的1号位传球给弧顶的1后向篮下切入,弧顶的1回传球给向篮下切入的球员,切入球员接到球后上篮得分。传球人抢篮板,两人交换位置回到队尾。

变化1:一排站在左侧45°持球,另一排无球队员在弧顶进行传切上篮 变化2:弧顶的人持球,左侧45°无球进行传切上篮

变化3:左侧零度角位置持球,左侧45°无球进行传切上篮

练习五:传切二打一练习

方法:全队分成三排,中间弧顶位置一排持球,两侧位置的队员无球。听教练口令开始,弧顶位置球员①传球给右侧45°位置球员1后向右侧切入,右侧45°球员接到球后运到中路后传给左侧45°位置球员1,传完球的红1变成防守人,其余球员变成进攻球员,之后开始二打一(图4-54)。

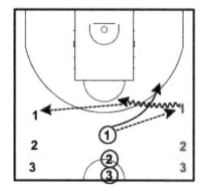

图4-54

要点:1.进攻人进行二打一的时候一定要有攻击性,不能太过犹豫。2.第二个传球人变成防守人。防守人抢篮板回到中路,其他两个交叉回到两侧。

变化：第一传传给左侧45°位置球员，左侧45°球员最后当防守人。练习六：四人配合传切投篮练习

方法：全队分成四排，左侧底角位置和右侧45°位置球员持球，另外两侧球员无球。听教练员口令开始，右侧45°角位置球员传球给左侧45°球员后向篮下切入，同时右侧底角位置球员向罚球线位置移动，左侧45°位置接到球后传给罚球线位置球员，罚

图4-55

线位置接到球后中路策应传给向篮下切入的右侧45°球员，右侧45°球员接到球后上篮，罚球线策应的球员传完球后接左侧底角位置球员后中投（如图4-55）。

要点：1.右侧底角球员必须迎上接球，不能到罚球线后等着接球。 2.第一组完成的球员逆时针回到下一排的队尾。

变化：变换球的位置，换成左侧45°球员和右侧底角球员持球，方法同上。

练习七：五人空切练习

方法：五名球员全部站在三分线外，拉开进攻空间。持球人传完球后要空切篮下，其余球员迅速补位轮转。没有投篮和运球，所有球员一直传切移动下去。1分钟不间断移动。（图4-55）

要求：不能运球，传完球后空切，没有掩护。队员之间一定要及时交流。空间非常重要，尽量拉开位置，这样空切才有得分的机会。

变化：五对五半场比赛

图4-56

要求：传球得1分，上篮5分，不能投篮，谁先得25分谁获胜。防守抢断球后变为进攻队员。不能够运球。我们在这个练习当中就是要强调队员们不断传球和移动。切入的时候一定要用力，这样才有可能有机会，切入的时候一定要看球。

第七节　进攻区域联防及防守挡拆练习

第一阶段：进攻区域联防

理念：移动进攻联防，三个外线的移动非常关键，同样两个内线的移动同样重要，而且我们需要很多的切入；同时合理的突破也是破解区域联防的重要手段。

练习一：三攻四突破练习

方法：如图（4-57）所示，四人呈菱形站位，在限制区内进行防守，进攻队员分为三组，分别位于弧顶及两侧三分线外 0°角，听教练口令，每组第一名持球队员进行突破，突破至两名防守人之间的缝隙位置后做急停投篮假动作，然后传球给突破方向的下一名接球队员，传球后切入传球方向排至队尾。

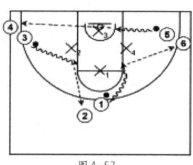

图 4-57

要求：突破前应有瞄篮假动作，突破过程中寻找防守空隙，突破急停后应衔接投篮假动作，突破后的传球应传到到位。

变化：反向突破。

练习二：四攻三练习

方法：如图（4-58、59、60），四名进攻队员位于三分线外 45°及 0°，三名防守队员在三分线内进行防守，进攻队员通过传球寻找空位投篮的机会。

图 4-58

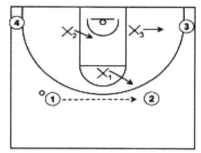

图 4-59

要求：四个人进攻过程中不允许运球，通过传球寻找空位投篮的机会，当有人防守时，必须传球，无人防守时应投篮。防守队员之间进行语言沟通。传球时运用假动作，要将球很好的传给队友，投篮人接球前张开双手并弯腿，接球后准备随时起跳投篮。

图 4-60

变化 1：运球四攻三练习

要求：进攻队员可以运球或不运球，但无球队员不允许切入，进攻队员通过 运球突破寻找空位球员。

练习三：中锋队员进攻 X 移动练习

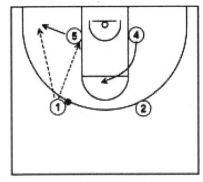

图 4-61

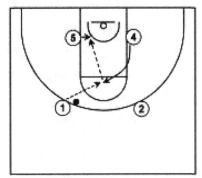

图 4-62

方法：如图（4-61、62、63）所示，二名外线球员在三分线外 45° 帮助转移球，二名中锋队员在限制区低位两侧落位。当球在①手里，⑤在短角要位，④插罚球线。如果球传④，④首先看篮下⑤是否有篮下横要的空档机会，形成高低位。如果⑤篮下没有机会，将球给②，④立即下顺，⑤上提插罚球线。如果②将球传给到短角要位的④，⑤可以从中路下顺。

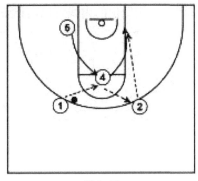

图 4-63

要求：内线队员之间互相沟通，低位的内线球员可在限制区至短角位置接球。中锋上提罚球线后首先要看同伴是否在内线要位出空档，如果没有机会立即要向 相反方向转移球，目的是将球左右转移调动防守。

图 4-64

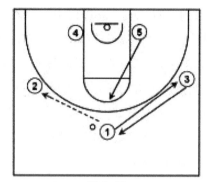

图 4-65

方法:半场五人进攻演练

要求:如图(4-64)所示,当球在弧顶位置时,应快速转移球;如果球在翼区,可以看低位、或看短角、或看高位罚球线,持球时间可比弧顶的位置稍长;开始训练时,外线暂时不做切入,内线需要高低位移动,传球时间控制在30″以内;进攻队员接球连接瞄篮动作。

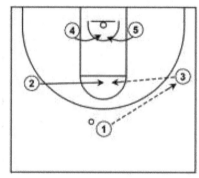

图 4-66

结束上一阶段练习,外线可以移动,如图(4-65)所示,传球后做反向移动,并保持外线三人的轮转换位;如图(4-66)所示,当外线的翼区球员插罚球线接球时,两侧低位的内线可以向篮下移动。

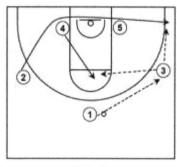

图 4-67

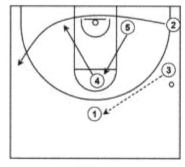

图 4-68

如图(4-67、68)所示,球向一侧转移,外线投手②溜底线向强侧移动,弱侧低位内线上提至罚球线高位;球向中间回传,高位内线球员移动至弱侧低位,②可以继续溜底线向强侧移动,利用低位掩护寻找空位接球的机会。

战术 1

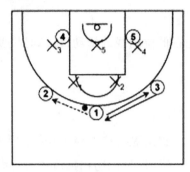

图 4-69

图 4-70

如图(4-68、69、70)所示,球队进攻呈 3-2 站位,1 号位将球传给 2 号位后,1 号位与 3 号位做交叉跑动换位,2 号位将球转移给弧顶的 3 号位,同时右侧低位的 5 号位上提罚球线,3 号位接球后,5 号位迅速到篮下,挡住 X5,进攻队员 4 号位利用掩护摆脱,接 3 号位的传球投篮。

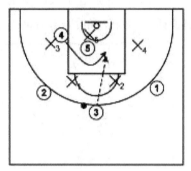

图 4-71

战术 2

图 4-72

图 4-73

如图(4-72、73、74)所示,球队进攻呈 3-2 落位,后卫弧顶持球。战术发动后,①传球给②,④迅速上提至左侧三分线外高位接②的传球,④接球后首先看篮下的⑤横要有没有机会,如果没有将球回传给①;⑤如果没有机会,移动至右侧低位,①将球传给

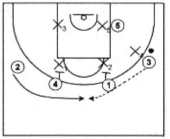

图 4-74

109

③,③接球瞄篮吸引 X4 的协防,同时①、④快速下移挡住 X1、X2,②利用两人掩护横向移动到弧顶,接③的传球投篮。

要求:内线 4 号位移动至外线时,首先看低位内线的横动,传球时机要把握好。

第二阶段:防守挡拆

理念:当遇到一支擅长打挡拆的球队,应提前做好应对对手挡拆的策略,清楚的知道对手掩护时,谁是主要进攻点。不同区域的防挡拆策略有许多不同;而且防守挡拆是五个人的事情,而不只是参与防守的二个人,另外三人应沟通说话,并做相应的协防、补防及轮转。

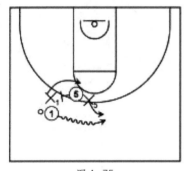
图 4-75

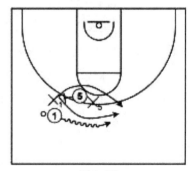
图 4-76

延误:如图(4-75)所示,掩护前大声提醒自己的同伴;当进行延误时,尽量让对手的控球人向后移动;如果对方的持球人不是一名好的投手,我们选择延误快速绕过,防止后卫突破。

如图(4-76)所示,当掩护人是一名很好的投手时,我们尽可能破坏他的掩护,在形成掩护时,防守掩护人尽可能贴住掩护队员,防守持球的队员尽可能抢过或穿过。

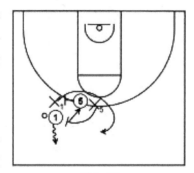
图 4-77

如图(4-77)所示,如果防守人的臂展、运动能力及防守能力均等时,我们可以选择交换防守;并变成攻击性的1V1。由于交换防守,容易造成错位,在掩护过程中,因此其他三人应语言交流;当球转至另一侧时,防掩护队员迅速换回防守人。

 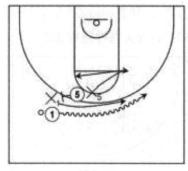

图 4-78   图 4-79

如图(4-78):在做小延误时,大个队员收缩保护,防止掩护过程中持球队员的加速突破,外线的防守队员快速穿过或挤过跟防自己的盯防队员,外线队员 到位后,中锋最快速度回防自己人从而完成两个人的换位。

如图(4-79):用于边路防守,在形成掩护时,外线防上线,将持球队员赶至底线。 防持球人应卡住上线,逼迫持球人只能向下线运球或突破,防掩护人在下线协防。

图 4-80   图 4-81

夹击:在掩护过程中,如果防掩护人要做夹击,在掩护前,尽早提醒自己的同伴;如图(4-80)所示,夹击形成后,尽可能让对手的球转大角,传球后,夹击的两名队员迅速收回限制区,再寻找自己的防守人。如图(4-81)所示,夹击时,如果持球人向后场运球,夹击人可回守自己的防守

图 4-82

人;如图(4-82)所示,当持球人,在夹击过程中,继续向篮筐突破时,夹击人应继续保持夹击状态,外线三人做协防轮转。

练习四:四人防守挡拆练习

图4-83

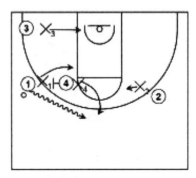

图4-84

方法:如图(4-83、84、85)四名进攻球员与四名防守球员分别位于三分线外两侧0°和45°。练习开始后,首先由右侧0°的④为左侧45°的①做掩护,①利用掩护突破,防守人X4做延误防守,X2、X3回收保护。①突破后将球分给②,①和④回原位,②和③进行相同的挡拆。

图4-85

要求:防守过程中,掩护人提前沟通,决定用什么配合来进行防守。教练员可以要求两边的挡拆用相同的防守方法,也可以两边不同。

变化1:四对四防守。

方法:同上,防掩护的形式改为抢过。

要求:掩护人尽早沟通,X4尽可能贴住④,X1快速抢过或绕过,X2、X3回收保护。

变化1:四对四防守。

方法:同上,防掩护的形式改为交换防守。

要求:掩护人尽早沟通,交换防守后X4迎前压迫防守,X1快速绕至④身前,X2、X3回收保护。

第八节　特殊时刻战术练习方法

理念:篮球比赛是有一个个进攻回合来组成的,积少成多,每次的进攻回合都有可能决定最后的成败,所以说每一次进攻回合对于比赛的胜负都是非常重要的,特别是最后时刻的进攻回合,本节就向大家展示一些特殊时刻的战术打法,例如边线球战术、底线球战术、最后时刻的战术等等。

练习一: 跳球的战术

落位:跳球落位如图(4-86、87、88),5号位跳球(跳球队员为球队中弹跳最好的球员);4号位在5号位的对面准备接球(接球队员4号位是第二个弹跳最好的球员);2号位和3号位站在中场线的两侧;1号位在后场准备退守。

方法:5号跳球点拨给4号位,4号位接到球的一瞬间2号位和3号位迅速延边路下顺,4号位接球后快速一传给2号位或者3号位。

如果没有一传机会,4号运球给锋线球员45°手递手进攻。

要求:跳球当中当4号位接到球的一瞬间2号位和3号位一定要快下。

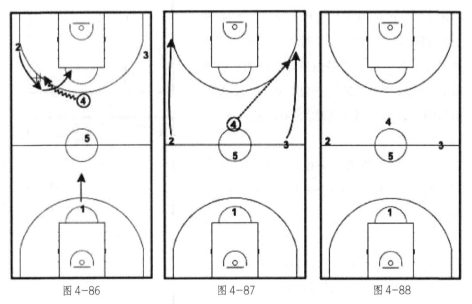

图4-86　　　　　　　　图4-87　　　　　　　　图4-88

练习二：罚篮时的篮板球训练

要点：1.抢防守篮板时,防守球员最里面的队员(X4和X5)不要太快进入油漆区,应该第一步先卡位,再抢篮板。(图4-88)

2.抢进攻篮板时的两名球员(4和5),一名球员快速下顺绕过(X3),另一名球员上提绕过防守人(X5)。

练习三:快攻特殊战术

落位：这是一种距离进攻时间只有4秒左右的一个特殊时刻战术,进攻球队发后场球,2号位和3号位迅速到达前场两侧底角三分线外,5号位到达篮下,4号位在弧顶,持球的1号位在上线持球。(图4-89)

方法：1号位持球移动到右侧45°的位置。2号位和3号位底线交叉跑位,3号位先借助5号位的横掩护后借助4号位的下掩护上提到弧顶,2号位到右侧底角三分线外。如果球队落后三分,1号位最好传球给2号位或者上提的3号位进行三分投射,如果球队落后两分,1号位可以传球给内线的5号位进行1对1。

要求：因为进攻时间很短,所以全队进攻球员一定要迅速冲刺到达前场进行战术配合。

变化1：

方法：1号位同样运球到右侧45°位置,2号位和3号位底线交叉跑位,5号位给2号位掩护,3号位上提后给4号位背掩护,4号位借助掩护向篮下切入,1号位传球给4号位投篮或者传球给2号位进攻。(图4-90)

图4-89

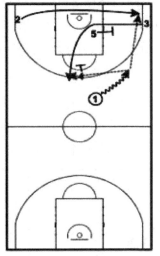

图4-90

图4-91

变化2:

方法:1号位运球到右侧45°位置,2号位和3号位假的底线交叉跑位后反跑,2号位上提到弧顶接4号位的下掩护接球投篮,3号位反跑到右侧底角也可以接球进攻。(图4-92)

练习四:底线球战术(14战术系列)

方法:如图(4-93、94、95)所示,3位发底线球,5号位、1号位、4号位和2号位4人呈一字型落位。战术开始,5号位给1号位掩护,掩护完下顺到篮下,1号位借助掩护接3号位传球,如果有机会1号位传球给掩护下顺的5号位进攻;如果没有机会,3号位发完球移动到弱侧45°位置,4号位弹出接1号位传球后再传给3号位,2号位给5号位

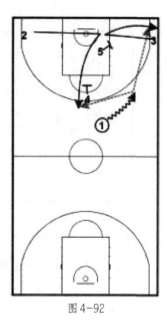

图4-92

底线横掩护,5号位接3号位传球投篮;如果5号位没有机会2号位上提借助4号位的下掩护到弧顶接球三分。

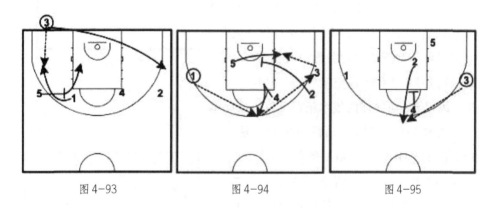

图4-93   图4-94   图4-95

变化1:1-4落位当中的三次连续掩护战术

方法:落位如图(4-96、97)所示,2号位向球场左侧移动,分别借助4号位、1号位和5号位的掩护接3号位的传球投篮。如果2号位接到球后没有机会3号位传完球同样再借助4号位、1号位和5号位的掩护接2号位的回传球投篮。

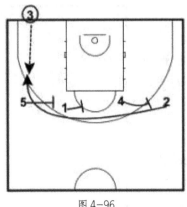

图 4-96

图 4-97

变化2:不到1秒进攻的底线球战术

方法:这是当比赛还剩大概零点几秒的进攻时间的时候所用的底线战术,通常要求发球人是球队中最好的传球手,4号位是球队中弹跳最好、终结能力最强的球员。

战术开始,5号位和2号位迅速向左右两侧底角切入做要球手势吸引防守,4号位快速到达篮下要位,1号位给4号位下掩护,4号位借助掩护绕到弱侧,3号位传球给4号位,4号位接到球后空接(如图4-98)。

图 4-98

练习五:边线球的战术箱型落位进攻战术

战术1:溜底进攻+高低位配合方法。3号位发球,其余球员箱型落位,落位如下图(4-99、100)。1号位借助五号位的掩护上提接球,同时2号位也借助4号位的掩护上提,1号位接3的传球再转移给2号位,传完球的3号位遛底线利用5号位和4号位的掩护到右侧底角三分线位置接2号位的传球,如果有机会出手三分,如果没有机会可以传球给篮下要位的4号位或者传给上提的罚球线的5号位进行高低位配合。

图 4-99

图 4-100

图 4-101

战术 2：

方法：落位和战术 1 相同，战术开始 1 号位和 2 号位交叉掩护后同时借助 5 号位和 4 号位的掩护弹出到左右两侧 45°三分线外位置，发球的 3 号位可以传球给 1 号位也可以传球给 2 号位，1 号位或者 2 号位接到球后直接投篮（图 4-101）。

练习六：最后时刻的边线球空接战术

方法：4 号位和 5 号位紧贴站位，战术开始后 3 号位绕着 4 号位切入到左侧底角三分线外，5 号位向外移动要球，2 号位给 4 号位背掩护，4 号位借助掩护向篮下切入，借助 1 号位的传球空接投篮（图 4-102）。

要求：3 号位是球队当中最好的投手，这样可以吸引防守，4 号位是球队当中最能跳的球员，1 号位是传球能力最好的球员。

图 4-102

练习七：最后时刻全场"全垒打"战术

方法：这种主要用在比赛还有最后一次进攻机会，还有 5 秒左右的进攻时间。战术落位，4 号位发球，2 号位和 3 号位分别在中场线两侧，5 号位站在前场弧顶三分线附近，1 号位站在后场罚球线附近。战术开始，2 号位和 3 号位快速交叉向前场冲刺，5 号位向后场移动，4 号位大力传球给 5 号位，5 号位接到球后再迅速传球给空切到左右两侧三分线附近的 2

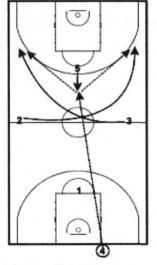

图 4-103

117

号位或者 3 号位,2 号位或 3 号位接球后直接出手
(图 4-103)。

变化 1:传给 5 号位后 1 号位上前,5 号位直接
传球给 1 号位,1 号位快速三分投篮。

练习八:绕切战术

方法:落位如图(4-104),1 号位发球,2、3、4、
5 号球员分别呈"一"字形在中场线站位。战术发
动,3 号位绕着 4 号位和 5 号位做逆时针的快速切
入,同时 2 号位也围绕着 4、5 号位做逆时针的切
入,3 号位切入后向前场左侧锋线位置移动,2 号
位切入接 1 号位的传球直接运球投篮,4 号位和 5
号位原地不动给两名绕切球员掩护。

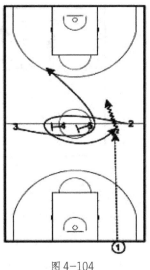

图 4-104

这个战术主要用在一次进攻只剩下几秒钟的比赛当中,2 号位接到球后
利用绕切的速度,加上接球后运球的动力,可以在很远距离投篮命中。

练习九:箱型落位固定战术

(1)战术

方法:如图(4-105),1 号位弧顶持球,战术
开始 1 号位向左侧锋线位置移动,5 号位给 2 号
位下掩护,2 号位借助下掩护上提接球,同时 3
号位移动到左侧底角位置,4 号位上前给接球
的 2 号位挡拆,2 号位借助挡拆突破上篮或者传
球给下顺的 4 号位进攻。

图 4-105

(2)战术

方法:落位同上,如图(4-106),战术开始 1
号位向左侧锋线位置移动,5 号位给 2 号位下掩
护,2 号位借助下掩护上提接球,同时 3 号位移
动到左侧底角位置,4 号位直接向篮下移动,2
号位接到球后可以直接进攻或者传给篮下要位
的 4 号位。

要点:4 号位移动到篮下后卡位要突然,用

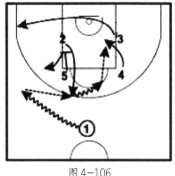

图 4-106

身体卡住自己的防守人进行要位,同时2号位可以用右手击地的方式传球给篮下的4号位。

(3)战术

方法:落位同上,如右图(4-106),2号位上提接球,4号位移动到左侧底角,3号位移动到右侧底角,2号位接球后突破分球给3号位,3号位接球后直接出手投篮。

图4-107

第九节　一堂训练课计划

第一阶段:一堂课的准备活动阶段

练习一:传接球上篮练习（外线技术练习）

方法:如图(4-108),所有运动员拿球站成一列,站至中场线延长线左侧,教练员站至中场,运动员传给教练员后,向篮下切入,接球上篮。上完篮后抢篮板至右侧交替进行。教练员可以根据队员能力,增加传球难度或者要求上篮命中率。

要求:调整步伐,全力冲刺,保证上篮命中率。

练习二:传接球跳投练习（外线技术练习）

方法:如图(4-109),所有运动员拿球站成一列,站至中场线延长线左侧,教练员站至中场,运动员传给教练员后,向三分线快速冲刺,

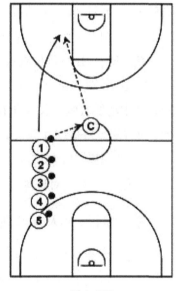

图4-108

接球后运球至罚球线附近跳投。投完篮后抢篮板至右侧交替进行。

要求:全力加速至三分线跳步急停,运球两次后必须进入限制区内跳投,提高投篮命中率。

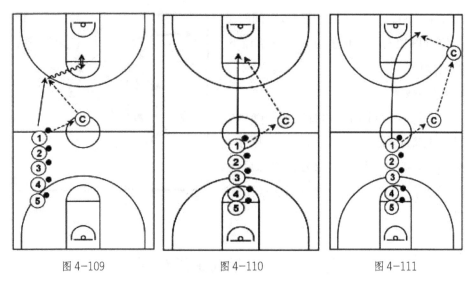

图 4-109 图 4-110 图 4-111

变化 1：接球后直接 3 分线外出手。

练习三：内线队员传接球上篮练习（中锋技术练习）

方法：如图（4-110），所有运动员拿球站成一列，站至中场线，教练员站至右侧中场线延长线。运动员传给教练员后，从顶弧向篮下切入，接球上篮。

要求：调整步伐，全力冲刺，保证上篮命中率。

练习四：传接球低位进攻练习（中锋技术练习）

方法：如图（4-111），所有运动员拿球站成一列，站至中场，两位教练员分别站在中场线右侧延长线和右侧三分线 45° 角。运动员传球给站至中场教练后，向右侧短角移动并进行低位要位，接球后顺步突破上篮要求：调整步伐，全力冲刺，要位脚步扎实，保证命中率

变化 1：一对一对抗练习

第二阶段：个人技术训练

练习五：错位防守滑步练习

方法：以向左侧为例，后脚前掌内侧蹬地，左脚向左跨出落地，同时后脚紧随左脚滑动。移动时，两臂张开，保持屈膝低重心，手臂一直在传球路线上。移动中，身体上向平稳，不要起伏。（图4-112）

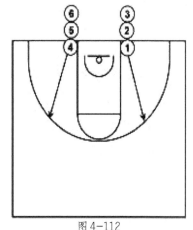

图 4-112

要求:观察传球人和接球人位置,站至传球路线上,在防守过程中,时刻观察传球人动向,做到人球兼顾。

练习六:内线球队低位防守练习

方法:队员成一列站至左侧底线出发,教练员分别站至右侧三分线 45°角与右侧底角。①提罚球线要球,X1 错位跟防,站至传球路线阻止①接球,随后①队员下顺至强侧低位要球。当球传到底角,X1 可以先绕前防守再转到底线错位防守,或者从进攻背后转到底线错位防守。结束后进攻队员转防守队员。(图4-113)

要求:防守队员时刻观察传球人和接球人位置,站至传球路线上,在防守过程中,时刻观察传球人动向,人球兼顾。

图4-113

练习七:抢篮板球练习

方法:队员分为两列站至3分线2侧45°角,教练在三分弧顶投篮。X1防守完下去,①②变成新的防守,以此类推,两个组进行比赛。教练员可以规定分数,当进攻方或者防守方达到规定分数后结束练习。

例如防守篮板球得 1 分,进攻篮板球得 2 分,哪个组先得到 10 分的获胜,输的一方折返跑。以此来提高队员的竞争性。(图4-114)

图4-114

要求:进攻队员积极向篮下挤靠,冲抢篮板球,防守队员在出手后快速找人,卡位将防守人背于身后,再进行争抢篮板球。攻守双方要根据投篮方向、力度、位置等因素提前预判篮板球的落点。

练习八:四人轮转防守选位练习(贝壳练习钻石)

方法:如图(4-115、116、117),进攻队员 1-2-1 落位。当 1 号位队员持球时,X3 和 X2 错位防守②和③,X4 稍微提高一点人球兼顾防守。当 3 号位队员持球时,X1 错位防守①,X2 回收罚球线站至给②队员传球路线上,X4 队员绕前防守。当 3 号位队员持球时同 2 号位持球。

要求:观察传球人和接球人位置,站至传球路线上,在防守过程中,时刻观察传球人动向,人球兼顾。对持球人必须有压力,攻击性防守。

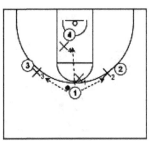

图 4-115

图 4-116

图 4-117

变化2:BOX 落位,方法同上,2对攻守队员落在底角,2对攻守队员落在45°。近球紧,远球松,对球要有压迫性地防守。

练习九:投篮练习

方法:如图(4-118),拿球一列站至底线,传球给教练后,迅速上提至罚球线接球,接球后做挥摆动作后撤步顺步持球突破上篮。

要求:上步时,出脚平稳,保持重心稳定,两步完成急停,避免多余碎步

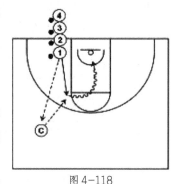

图 4-118

练习十:突破分球投篮练习

方法:如图(4-119),队员分为两列站位,有球队员站至左侧,无球队员站至右侧底角。有球队员传球给教练后,迅速上提至罚球线接球,接球后做挥摆动作后撤步顺步持球突破,突破至限制区内分球给右侧底角队员出手三分球。

要求:上步时,出脚平稳,保持重心稳定,两步完成急停,避免多余碎步,接球队员等待突破队员吸引防守人后再进行摆脱接球。

图 4-119

练习十一:突破分球投篮练习

方法:如图(4-120)持球队员成列站至左侧底线,无球队员站至右侧三分线外,有球队员传球给教练后,迅速上提至罚球线接球,接球后等待队

图 4-120

友来挡拆,挡拆后快速持球向限制区内突破,吸引防守人后分球给挡拆队员上篮。

要求:上步时,出脚平稳,保持重心稳定,两步完成急停,避免多余碎步,挡拆时,持球人和挡拆队员肩贴肩拆过,将防守挤于身后

第三阶段:五对五对抗后的团队氛围练习

练习十二:全场上篮练习

方法:如图(4-121),队员拿球在中场站至一列,根据教练员口令,进行全场运球上篮。

要求:全速冲刺,保证上篮命中率

变化1:右手上篮

变化2:左手上篮

练习十三:半场上篮练习

方法:如图(4-122),持球队员成列站至右侧底线,传球给教练后,迅速上提至三分线接球,右侧顺步突破上篮。

要求:上步时,出脚平稳,保持重心稳定,两步完成急停,避免多余碎步,保证上篮命中率。

变化1:右手运球右手上篮

变化2:右手运球右手反手上篮

变化3:右手运球右上双脚起跳上篮

变化4:右手运球左手反手上篮

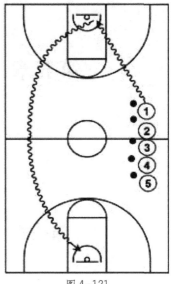

图 4-121

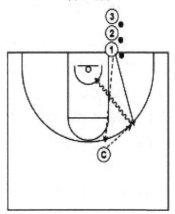

图 4-122

第五章　高校篮球科学研究

第一节　篮球运动科学研究现状

一、国外篮球运动科学研究现状

近二十年以来,随着世界篮球运动水平的不断提高,竞争的日益激烈,任何国家要想在世界篮坛保持强劲的竞争能力都必须依靠新技术、新战术以及科学的训练方法。因此,在篮球领域中开展科学研究的需求日益突出,并引起许多国家的重视。1979年举行了第一届世界篮球教练员讲座,很大程度上活跃了世界范围内篮球的学术交流。同时,体育科学的蓬勃发展对篮球科学研究起着重要作用,许多相关学科的方法和理论被广泛地运用到现代篮球的科学研究之中,为篮球研究提供了科学的认识论与方法论,为现代篮球研究领域的发展奠定了坚实的基础综观各个国家的现代篮球运动科学研究的发展状况,总结出以下三个特点。

(一)重视对篮球技战术及其教学与训练理论的研究

篮球运动的基本要素包括篮球基本的技战术、体能、伤病恢复、对手的信息获得等,从已有的科学研究结果来看,所有的国家都致力于技、战术的改进研究,为了使技、战术变得更加合理、有效,篮球技术能够更好地适应比赛规则,此外,各国还十分重视从篮球比赛与教学训练实践中系统地总结经验,进而上升为理论,促进了篮球运动向更高水平发展。

(二)相关学科知识与现代科学技术广泛应用于篮球科学研究

当前篮球科学研究的内容涉及各种相关学科的理论与方法,从而拓展了篮球科学研究的领域,使人们更全面、深入地认识篮球运动。例如,运动生理学特征,为篮球训练提供生理依据。应用生物力学、运动解剖学研究篮球技术动作结构。力学原理,使篮球技术更合理、更加符合实践需要,并创造出了新的技术。近年来,运动心理学的快速发展为篮球运动科学研究开辟了新领域:"三论"(即系统论、控制论、信息论)为篮球科学研究提供了方法论研究;现代科学技术的飞速发展为篮球运动的研究提供了科学资源。

(三)篮球科学研究为训练、比赛服务

全球篮球运动科学研究的另一个重要特点是在教育和竞赛领域开展跨领域、综合性的研究,使科学成果能够在实践中直接运用到教学和竞技比赛中。例如不少国家的篮球队都配备了学科广泛的研究团队,除定期对运动员和医生进行身体研究和功能测定之外,还了解国内外篮球运动发展情况,为球队提供信息和意见。在综合性的科研队伍的协同下,提高训练比赛质量。

二、我国篮球运动科学研究现状

(一)运用多学科知识,现代化手段展开综合交叉研究

现代科学发展的大趋势是不同学科、不同部门之间相互交汇、相互渗透,这种交叉性和综合性的趋势对篮球科研产生了重大影响,加快了篮球运动的跨学科研究进程。对篮球运动进行广泛、多学科的综合研究,使篮球科学研究与实践紧密结合起来,篮球训练服务与教育、实战训练、比赛与研究成果相结合是篮球发展的必然趋势。运动生理学、运动生物力学、体育管理学、运动心理学等多学科理论知识的运用在现代篮球科研中越来越得到重视,现代化技术设备对篮球教学、实战训练、各类竞赛有针对性研究。

《从篮球运动员在比赛中的心理变化规律谈心理训练》(王家宏,1981)认为早在20世纪80年代初就通过对全国一流联赛和其他篮球比赛进行研究,强调压力因素是影响运动员的主要因素,而运动员过度压力因素的产生包括比赛的动机和目的、比赛环境和条件、比赛名次和成绩、比赛的准备和对手、比赛中缺乏适应力与应变力等。在训练计划中,必须充分考虑运动员的自我调控

能力并着重培养,要充分发挥教练员的主导作用,做到篮球培训规范,抓好调节训练、重视运动前的准备活动、集中注意、加强思想道德教育等。

《关于儿童、少年篮球适宜形式的研究》(王家宏,1997)认为小学篮球是一种适宜的系统协调形式,能适合小学生身体和心理特征,满足小学生体育的需要。在研究过程中,对篮球的重量和周长、篮球架、场地规格、运动员人数、计战术等进行了科学合理的研究。

(二)转型期的职业篮球体系,研究已成为研究热点

1995年10月,中国篮球协会以中国男篮甲级联赛为突破口,颁布了《中国篮协运动员转队条例》和《俱乐部暂行管理条例》,标明向着职业化、产业化发展,条例的颁布标志着我国篮球改革开始向职业化转变,作为我国篮球运动的一种全新的组织形式,相关专业的改革与发展必须得到重视,篮球规则、管理体制、经营机制、经营方式、训练制度、竞赛制度、教练员、裁判、运动员的培养与管理等方面的研究,必将成为我国篮球科学研究的热点。

(三)学校篮球运动是研究的重点

学校篮球是我国篮球运动的重要组成部分,也是我国体育教育工作的核心内容。对学校篮球运动发展的条件、环境、现状及对策进行了研究,对提高篮球运动的整体水平和可持续发展,深入校园体育改革具有重要意义。

目前从事篮球科研活动的人员,大部分是各级各类学校的体育教师、篮球专项教师和篮球方向的研究生,他们或受研究环境、现有条件的影响,为了保证研究操作的可行性,或从他们本身的兴趣和工作任务出发,都倾向选择学校篮球作为研究内容。

在校内篮球运动中,以CUBA为代表的大学篮球联赛,是我国篮球以"发展高校篮球培养篮球人才"为目标的又一种全新的篮球竞赛制度。它对于我国篮球训练体制改革、健全完善后备人才的培养机制、提升篮球运动的技术水平起着重要作用。围绕大学篮球联赛展开全面而深入的研究,探讨大学联赛的发展对策,成为我国篮球科学研究活动的重要内容。

(四)重视篮球基本理论体系的建设,进行可持续发展的研究

现代篮球运动实践要求有先进的篮球运动理论,对篮球运动实践的不同领域、不同层次、不同方向进行科学指导。基于理论对实践的重要指导和借鉴作用,探讨篮球运动多方面的原理与规律,摸索篮球运动可持续发展的对策与环境因素,完善与丰富我国的篮球理论体系,一直是广大篮球科研工作者坚持不懈的工作重心。这为我国篮球运动理论体系的形成和完善、对篮球运动的进一步现代化、科学化做出了积极贡献。

(五)开发篮球教学、训练和比赛的现代化设备研究

电子技术和电子计算机的广泛应用,将在篮球领域中充分显示现代科技的重要性。这些技术和成果的应用,将使篮球教学、训练和竞赛向着自动化、计算机化、便携化、模拟化的方向发展,这些技术的广泛运用推动篮球科学研究开始从定性描述向定量研究的迈进。现代化设备的开发在篮球科研方面显得尤为重要,并取得了一定的科学成果。

案例:《掌上电脑及配套软件在篮球比赛临场技术统计中的应用》(杜俐,1995)、《PCBBs篮球技术统计系统及其应用》(钱君其,1990)、《用计算机进行篮、排、足球运动负荷测试方法的研究》(陈华强,1989)、《篮球比赛临场技术统计微机应用系统的研制》(王鲁宁,1999)、《三维"篮球区域联防战术"电教片的研制及运用》(朱力,2000)等。

此外,还有钟添发等研制的"TPHE型综合测定仪"和"计算机多通道动态心电心率测定分析仪";程世春等的"篮球基础训练电视片";《篮球重点规则》(杨鹏飞,1994)中的电视教学录像片;刘振东的"篮球投篮技术定性、定量、定型练习器";邵冠群等的"篮球训练反弹器";孙新国的"无板多圈简易活动篮架";杜利军的"篮球运动员的辅助训练器材斜式弹网"等成果。

在篮球科研工作者科学、务实、严谨的努力下,我国篮球的科研取得了相当可观的成果,但由于我国体育科研起步较晚,目前从事篮球科学研究的体育者多数是负责篮球教学和体育教学的教师,以及较少数的篮球教练员,他们一方面缺乏丰富的篮球实践经验,另一方面受本身知识结构的限制,相关的学科理论知识资源匮乏,因而这些研究者往往大多只是停留在感性认识上。因此,研究者在课题的选择上,只能根据现有的条件、能力,寻找一些较容易入手的、局部的、单一的课题进行研究,而宏观的、综合的课题研究较少,并且缺少先进的科学仪器设备,科研方法单一。这些因素都直接影响着我国篮球科学研究整体水平的提高和发展。

第二节　篮球运动科学研究内容与特点

一、篮球运动科学研究的基本内容

(一)篮球运动发展史研究

篮球运动发展史方面,《新中国学校篮球运动的发展历程》(王家宏,2004)对我国建国后的学校篮球运动发展历史进行了回顾,分析了影响我国学校篮球运动发展的主要因素。《我国高等体育院校篮球课程发展的历史沿革》(李成梁,2009)对篮球课程的历史发展划分成四个阶段,考察了他们在教学目标、课程设置、课程建设、师资培训、教学方法与手段、教学评价这六个方面不同阶段时期的发展。

(二)篮球技术、战术的运用研究

1.篮球技术的发展、运用与创新

多年以来国内外学者对篮球技战术的实体性研究大约沿着以下几条不同的路径同时进行。

(1)运用历史的逻辑的方法寻找各种篮球技术出现的时间、背景,如1908年开始出现了变向运球,1940年出现了篮球勾手投篮,等等。

(2)运用生物力学对篮球技术进行运动学和动力学的分析,借助高速摄影仪器对运动员的技术动作进行摄像,并对影片进行三维运动学和动力学解析或者对运动技术进行简化处理建立模型进行力学分析,运用运动学、经典力学、解剖学甚至是空气动力学的相关知识和原理对投篮的姿势动作、瞄准点以及球离手后的旋转等问题进行了有益的探讨,提出了新的观点,如投篮时手臂、手指的用力方向应该靠近人体中轴的想象中轴投篮法,投空心球时投篮瞄准点应该选在球篮的远端而非传统教材所主张的近端,并且球在空中飞行时应该后旋,这有利于高弧线的产生。

(3)从心理学的视角对篮球技术进行研究,如在罚球时使用积极自我暗示语有助于技术动作的完成。在篮球训练中采用想象训练法、表象训练法、模拟比赛场景训练法和获得自信训练等。

(4)按照技术特点的分类对各种篮球技术逐一从技术规范和运用时机两

个维度进行分析或者按照场上位置的分类对其从得分、助攻、篮板、抢断、盖帽、失误等多个维度进行分析,如以篮球比赛作为研究客体,根据分值把投篮分为一分投篮、二分投篮和三分投篮,通过对投篮次数和投中次数计算出命中率,间接分析投篮技术,或者在训练中通过记录运动员在无人防守或者有人防守时在规定时间投篮的次数和命中的次数对投篮技术进行评价。

(5)相关的篮球科学研究提出并确定了判断篮球技术动作的评价标准,评价标准的内容包括篮球活动中的动作本身、表现形式、动作节奏、身体姿势、运动轨迹、动作时间、动作力量、幅度和效果等。

2.篮球战术的发展、运用与创新的研究

在篮球战术分析的实体性研究方面,多年来国内研究成果颇丰,如从规则与战术的相互制约、相互促进这一视角,以时间为脉络对篮球战术发展演变进行了认真的梳理,认为近百年来篮球进攻战术在不断进化,大约经历了站位式固定时期、"二"字行进间进攻时期、轮转换位时期和快速移动时期四个阶段,对技术增益战术中特定的配合战术的站位、方法、路线及使用时机等在运用这一层面上进行的深入的探讨;也有研究着眼于篮球实战,提出进攻战术演变呈现出三个阶段,即快攻、抢攻和阵地进攻,值得注意的是这三个阶段在时间上具有单向性或者称之为不可逆性,并且对抢攻进行了初步探讨。

近年来,许多研究是以比赛的文本和表格的临场统计数据为研究基石,对数据指标的二次抽象性描述分析,但是由于文本和表格反映的数据信息量过于单薄、过于抽象,以此作为研究的平台注定了其研究结论的可靠性不高,如仅讨论得分而不考虑投篮命中率以及投篮等场外因素,因此此类研究结果对教练员和运动员的篮球比赛实质性帮助不大,多限于高校体育教师的学术交流。

有研究将场地分成三个区,即后场、前场和中场,认为防守应该采取综合性、可互换、混合防守体系,就是指在防守中,采取两种或两种以上的防守型式。例如,在前场快速组织紧逼,主动阻截对手,减慢对方的进攻速度,延缓、消耗对方的进攻时间;在中场组织夹击、断球、破坏对手的快速进攻,破坏对方的力量或增加对方的失误、在后场则采取盯人防守与联防混合防守运用,运用防守拓展防守阵地,充分发挥联防和人盯人防守的优势,有效地破坏对手的进攻。

也有研究专门对三分区出现后的三分战术以及打三分战术进行了积极的探讨,认为三分战术非常重要,可以增强比赛的观赏性,又解决了进攻的不对称性即进攻多集中在限制区附近等问题,三分战术策略的实现路径包括外线定点投篮、利用掩护获得投篮机会、外线突破到内线然后传球到外线的投篮及内线佯攻传球到外线的投篮,三分球战术主要依靠内线强攻或者突破或者造成对方犯规的同时设法将球投进。

(三)篮球运动理论

1.对我国篮球运动发展的战略与规划研究

《篮球运动高级教程》(孙民治,人民体育出版社)对中国篮球运动发展提出了六点战略性对策建议:一是统一认识,解放思想,推进改革新秩序的形成;二是一切从实际出发,明确中国篮球运动的定位目标,确立正确的篮球训练工作方针及指导思想;三是落实深化篮球管理体制改革,根据中国特色创建篮球运动管理新模式;四是广泛谋划,培养构建出一支结构合理、综合素质高、强有力的队伍;五是落实"以青少年为中心"的办学方针,以多种形式培养与储备篮球后备人才;六是共同努力,提高我国篮球运动的竞技水平,积极推进篮球运动的科学研究。《我国职业篮球俱乐部后备人才培养影响因素研究》(蔡美燕,2011)提出职业篮球俱乐部培养后备人才培养,是我国竞技篮球后备人才培养和运输的一种新的、根本途径。《NBA职业篮球市场的演变与成功因素探析》(王乐,2010)指出NBA是世界上最具影响力的国际职业体育组织之一。它也是国际体育市场发展的成功典范。探讨了影响职业篮球市场成功发展的主要因素和职业篮球发展的一些特殊规律。研究发现,我国竞技篮球职业化可以借鉴国外先进模式,促进我国竞技篮球职业化进程的市场化发展。《NBA与中国篮球职业化发展道路探析》(郭雪鹏,2011)指出人才培养、教练员、社会因素、科技因素是影响我国竞技篮球职业化的具体因素。加强职业化进程的统筹规划,对于我国竞技篮球职业化的科学发展具有重要的理论和现实意义。

2.对篮球运动教学理论的研究

根据以往篮球综述性论文的研究,篮球运动教学一直以来都是研究的热点,因为从事篮球运动教学方面的科研人员大多是高校在职体育教师,具有优越的研究条件。篮球运动教学的研究是需要根据时代发展、学生身心发展与时俱进,它将会永不止步地发展下去。

《开放式运动技能学习原理及其在篮球教学中的应用》(柴娇,2010)指出,开放式运动技能的学习原则是在与整体环境的交互中学习基本技术。开放式运动技能学习的目的是改变学习方式。《领会教学法在高校篮球教学中的实验对比研究》(曾新平,2019)一文中运用实验对比法对领会教学法和传统教学法的教学效果进行了对比,结果发现,领会教学法能提高学生的篮球理论知识,提高篮球比赛的效能,激发学生学习篮球的兴趣。

3.对篮球训练理论的研究

随着篮球训练水平的不断提高,关于篮球训练的研究也在不断发展进步。在篮球训练理论方面,《国家队篮球训练课优化模式研究》(戴永冠,2008)针对问题和备战实际,研究提出了"小、快、大、重"的国家队篮球训练课优化模式,即篮球训练课中要时刻坚持"周期小、节奏快、强度大、恢复重、实战重"。《中国篮球运动体能训练理念创新研究》(蒋威,2013)指出理念创新表现在应该重视体能与技战术同步发展理念的创新、技战术训练和体能训练关系的创新、体能训练手段方法科学化的创新、一般体能与专项体能训练合理运用的创新,以及赛季中体能训练消耗与恢复的训练理念的创新。《篮球实战训练理念的探讨》(程冬美,2007)指出,篮球实战训练理念的基本技术训练重视简单性、准确性、对抗性、实用性;通过实战学习篮球,可以提高运动员的观察和交流的能力;体能训练与技战术训练密不可分;训练应以发展有氧耐力为基础,以提高无氧爆发力;高强度、高速度、强对抗,与篮球竞赛实际紧凑结合起来是符合实战训练的核心,一对一的攻防训练是根本。《运动技术教学与训练中的"技术环境"理论探索——华侨大学篮球教学训练实践与理论创新》(邢尊明,2010)试图在理论层面提出并分析"技术环境"现象的存在。

4.对篮球运动员的研究

由于运动员是篮球竞技运动的主体,近年来篮球竞技运动发展迅速,围绕运动员心理、营养、生化指标、身体素质等方面的研究越来越多。在关于篮球运动员选材的调查研究中,有《我国优秀男子篮球后备人才现状分析研究》(张振东,2002)、《我国体育系统篮球后备人才队伍发展动态的研究》(刘雄君,2009)、《中国篮球竞技后备人才现状调查与培养对策》(于振峰,2002),这些研究大多是现状分析,指出篮球运动员选材存在的不足,针对不足的各个方面提出相应的对策。篮球比赛的激烈程度,对运动员各方面的能力要求是全面的,客观评价对于篮球运动员尤为重要,《篮球运动员竞技能力构成要素之间关系的质疑与思考》(李圣旺,2003)探讨了篮球运动员竞技能力五个要素彼此间的关系,即技术、战术、体能、心理、智能之间的关系。另外,通过对比赛结果的对比分析,也可以反映出各个篮球运动员的成绩,从而分析出篮球运动员的自身情况。《国内、外男子篮球优秀中锋竞技实力比较研究》(袁风生,2004)中通过对世界篮球竞赛的技术统计数据的比较分析中,了解了中国男篮中锋球员与世界篮球队中锋球员在竞技实力上的优势与劣势。

5.对篮球科学研究理论与方法的研究

篮球科学研究理论方面,《中国现代篮球运动创新体系研究》(吴晓强,2002)对我国现代篮球运动创新理论体系进行理性思考,构建中国现代篮球运动理论思维创新、技术创新、战术创新、体能结构创新、体制创新、科学研究创新体系。《篮球运动健身论》(金赛英,2003)、《论篮球比赛的观赏性》(金赛英,2003)、《论篮球运动的健身功能与方法》(薛岚,2003)从篮球健身功能和篮球比赛的观赏性方面作出相关研究。《我国竞技篮球发展环境特征研究》(庄雪娥,2014)从理论上进行系统的、科学的调查研究,研究发现影响转型时期的中国竞技篮球运动发展的关键因素。在《篮球运动博弈理论体系的研究》(岳峰,2009)中强调突出了一般博弈论和体育博弈现象的必然联系,提出篮球运动博弈论是研究篮球如何在运动中去战胜对手、提高获胜可能性、取得最佳成绩的科学理论。《篮球制胜决策及其在我国的运行状况研究》(马进荣,2009)发现我国篮球运动的制胜决策及其活动的不足之处,并提出改进措施与建议。《社会与自然中存在的"相克现象"及启示——兼谈竞技篮球"相克现象"的表现形式及应对》(宫士君,2009)通过对社会与自然中"相克现象"的研究,揭露了"相克现象"在竞技篮球运动中的表现形式和应对,从中获得启发和借鉴,有助于我们对竞技篮球进行深入的了解和探讨。

综上所述,篮球基本理论领域研究主要以篮球的功能、篮球的体系为主要研究内容,在篮球体系的研究中,创新体系、博弈理论、制胜决策、相克现象丰富了篮球体系的研究。篮球研究方法应多样化、综合的、立体的、全方位的。篮球学科的迅猛发展客观上要求篮球科学研究与之相应进,而篮球科研的进步又与篮球科研的方法息息相关。篮球科研的成果是人们认识篮球的结果,篮球科研方法是人们认识篮球的手段。篮球学科的进步与篮球科研方法的进步相辅相成。篮球科研现状的分析离不开篮球科研方法的研究。研究方法是保证科学研究成果的正确方向和质量的前提条件,研究方法的选择应根据研究对象的具体任务和内容、研究对象的性质及特点。合理的研究方法有助于提高科研成果和科研效益,相反,则使科研工作事倍功半,浪费科研投入。

定性的研究方法有:文献资料法、逻辑分析法、专家访谈法、观察法、比较法;定量的研究方法有:数理统计法、问卷调查法、实验法、测量法、统计分析法。在研究过程中可以发现应用定性的研究方法多于定量的研究方法。

(四)篮球规则的研究

1.对篮球规则、裁判法、裁判员的研究

在规则方面主要涉及规则的修改对篮球运动发展的影响。在裁判员方面,主要涉及裁员的职业化和裁判员的评价水平。经过多次修改和改进,篮球规则对篮球技战术的发展和篮球观念的更新起到了很大的作用,对篮球向健康、快速、强对抗的方向发展起到了积极作用。关于裁判员,主要涉及裁判员职业化、裁判员的依法评判的水平等。通过对部分CBA职业篮球联赛裁判员职业化的必要性和可行性的相关研究,得出CBA联赛裁判员职业化的必要性和可行性的结论。中国职业联赛的外部环境和内部条件等方面为裁判员专业化打下了良好的、坚实的发展基础。

2.对不同等级裁判员的研究

近年来关于篮球裁判的研究越来越多,研究内容主要在以下几个方面:篮球裁判员现状的研究;篮球裁判员基本素质、能力的研究;篮球裁判员培养与考核的研究;篮球裁判职业化的研究等。

关于篮球裁判员现状的研究主要运用问卷调查法对某地区、学校或者某个赛事裁判员的现状进行调查分析,指出现状存在的问题,并提出相应的对策或建议。比较有代表性的研究有:

《北京市篮球裁判队伍发展现状与对策研究》(李成龙,2014)中对北京市篮球裁判员现状的调查、分析认为:北京市篮球裁判员年龄结构不够合理;晋级选拔方式比较单一,成长周期太长;英语水平偏低。裁判员管理缺乏规范性;等级考核制度不健全;奖惩措施不明确,没有完整的评价体系。

《对CBA、WCBA联赛篮球国际级裁判员现状与发展对策的研究》(姚广军,2007)一文中,对国际级裁判员的基本情况、管理模式、监督机制、培养途径、选派方式五个方面进行调查。调查分析结果如下：目前,在我国国际篮球裁判员中,女裁判员数量相对较少,且大多集中在经济发达的省市,且大多是教师,以研究生学历为主,但英语水平达不到标准。

在对篮球裁判员基本素质、能力的研究中,学者大都根据篮球比赛的基本特点和篮球裁判员的工作特点,对决定篮球裁判员执裁水平的各种因素进行分析研究,具有代表性的研究如下。

《浅谈普通高校体育大学生篮球裁判基本能力的培养》(吴岩,2012)中重点强调裁判员基本功的重要程度,表明在高校中培养大学生篮球裁判员必须把基本功练习放在首位,包括标准的动作、迅速的反应能力、正确的选位以及合理的移动。

《我国优秀篮球裁判员成才的阶段特征及其促进因素》(宋述光,2006)一文把较高的外语水平、计算机的应用能力作为优秀裁判员的基本素质。他认为优秀的外语交流能力是优秀裁判员走向国际舞台的基本条件之一。篮球裁判员较高的计算机水平可以更好地了解当今篮球运动的发展最新动态以及与世界篮球优秀裁判员的交流互动。

关于篮球裁判员培养的研究大都集中在培养模式、培养现状、培养方法三个方面。具有代表性的研究如下。

《我国篮球国家级女裁判培养现状调查与分析》(王宁,2011)中对我国国家篮球女裁判员的培养与管理进行了探讨和分析,指出应从英语交际能力、科研能力、职业道德等方面加强对青年民族篮球女裁判员的培养。《北京市昌平区篮球裁判队伍现状分析与培养对策研究》(勾占宇,2015)一文阐述了北京市昌平区篮球裁判队伍建设与管理中所存在的问题,并提出了一系列对策来优化裁判员培养与管理模式,裁判员应朝着年轻化、规范化的方向发展;结合昌平区的实际情况创立并健全适合昌平区篮球运动发展的裁判员培养与管理体系,这不仅是昌平区篮球运动发展的需要,也是推动社会体育改革的重要力量,更加是昌平区全民健身发展的迫切需要。

近十年来,随着我国职业篮球的发展,关于篮球裁判员职业化的研究开始出现。早些时候对篮球裁判职业化的研究主要集中在可行性、必要性研究,近几年的研究主要集中在对篮球裁判职业化理论构建以及限制因素分析。

《我国职业篮球联赛裁判队伍职业化的必要性与可行性研究》(易强,

2009)一文中通过调查部分一线的篮球裁判员,从我国职业篮球裁判队伍职业化外部、内部环境以及培养与管理方面入手,为我国实现职业篮球联赛裁判队伍职业化进行可行性论证。认为政府部门的大力支持,以篮管中心为首的职能部门敢于试验,裁判员有序竞争是实现篮球职业化的基本前提。《我国实行篮球裁判员职业化的理论构建》(杨宏峰,2009)中提出裁判员职业化的理论性研究为我国篮球裁判员职业化提供了理论基础;裁判员较高的职业伦理素质是职业化的前提,所以要大力提高篮球裁判员职业道德,从思想上向职业化的靠拢,通过对我国篮球裁判员职业化必要性、可行性论证,认为篮球裁判员职业化是大势所趋。

(五)篮球与相关学科的理论研究

1.心理学在篮球学科中的运用研究

根据运动心理学的理论和研究成果,探讨了篮球运动员心理过程的特点与个体差异与篮球运动的关系;篮球运动对人的心理过程和人格特征有着长期不同的影响;掌握篮球知识,形成篮球运动技能,在心理规律下进行篮球技能训练;人在篮球活动中,会对人的心理过程和人格特征产生短期和长期的不同影响等。具体包括篮球运动员的个性心理特征、赛前心理紧张的产生与变化规律、活动中焦虑的机制与控制、活动中的最佳兴奋水平、篮球运动员的运动动机、篮球运动员与教师、教练员之间的关系等社会心理因素、教师和教练员的领导心理和行为,运动队的群体心理等。如《浅析气质类型与篮球运动员的选材、战术位置及技术特长的关系》(饶平,2001)、《影响篮球运动员情绪稳定的因素及训练》(谭朕斌,1995)等。在《心理学视角下篮球运动员投篮命中率的提高策略》(王小宁,2018)一文中首先讨论了心理因素与篮球运动员比赛中投篮命中率之间的关系,并解释了相关的心理因素,然后根据心理学观点,提出提高篮球运动员投篮命中率的策略。

2.自然学科(生理、生化等学科)在篮球学科中的运用研究

运用摄影技术结合运动生物力学和运动解剖学,研究了篮球运动中人体四肢关节的运动轨迹,分析了运动的力学和生物学原因,建立了指导运动训练、提高运动技术水平的生物力学参数模型,从而让动作形式、幅度、速度、节奏、运行轨迹和练习方法更符合科学原理。如《篮球持球突破技术动作的运动生物力学特征分析》(王飞,2014)、《旋转球对正碰篮板球命中率影响的生物力

学分析》(陈辉太,1997)等。运用运动生理学、运动生物化学和营养学可以研究篮球运动员的一般生理化学特征,以及运动中身体能量代谢的方式和运动恢复等问题,科学安排教学、训练、竞赛练习,指导运动员的体能负荷。运用运动医学、体育保健学来了解篮球运动员身体健康状况及运动损伤原因,为预防和治疗篮球运动员运动损伤提供依据,从而延长运动员的运动寿命。如《磷酸肌酸与篮球运动员力量速度素质关系的探讨》(王满福,1999)、《不同位置男篮运动员血乳酸与心率的测定》(孙鲁岷,1995)、《我国篮球运动员运动损伤患病率调查》(姚洪恩,1995)、《对少年篮球男子运动员左心室形态及机能变化的初步研究》(练碧贞,1996)等。

3.管理学在篮球学科中的运用研究

著名管理学家说:"决策是管理的心脏,管理是由一系列决策组成的,管理就是决策。"在篮球运动中,完整的管理体制可以保证联赛的完整性。《我国竞技篮球运动内外环境的研究》(吴磊,2009)强调建立具有中国特色的篮球运动管理体制,建立企业俱乐部管理体制,明确发展目标,促进篮球市场发展,加强后备人才培养。《中美职业篮球俱乐部对比研究》(田文学,2004)认为,我国职业篮球俱乐部应加强对外交流,打破地域界限,学习高水平俱乐部的经营管理制度,完善法律法规建设,使俱乐部得到有效发展。

(六)发展理论的研究

在2005—2006赛季CBA联赛中,CBA联赛的中文名称由中国男子篮球甲级联赛改为中国男子篮球职业联赛,标志着CBA联赛正式走上了职业化的道路。CBA联赛从市场开发、赛事和俱乐部经营等各个方面都进行了大幅度的改革。伴随着CBA联赛的职业化,篮球科研在这方面的研究也有所增加,如对篮球职业化与产业化的研究、对篮球市场开发与营销的研究。在篮球职业联赛的管理与经营的研究中,关于研究我国职业篮球竞赛市场现状、运行机制的有《关于我国职业篮球市场现状及对策研究》(杨铁黎,2002)、《中国职业篮球竞赛市场运行机制研究》(王郓,1996)、《中国职业篮球竞赛市场需求的研究》(何斌,2007)、《篮球职业联赛赛制、市场、文化的基本关系》(王家宏,2009)、《北京市职业篮球竞赛表演市场观众消费需要调查研究》(张纳新,2004),这些研究从市场、文化、观众消费需求等方面调查了我国职业篮球竞赛市场的现状,指出了其中存在的问题,提出了相应对策,为我国职业篮球竞赛市场化发展提供了坚实、可靠的理论依据。《关于实现我国篮球职业化可持续发展的对策研究》(陈均,2002)认为中国篮球职业化应采取"渐进式"改革,提出了以赛制改革为"切入点",建立与完善联赛竞赛制度等一系列具体的对策与措施。随着现代篮球运动的发展,世界各国篮球科研活动日益活跃,特别是现代科学的发展以及许多相关学科知识、方法和技术手段的产生,为篮球运动的科学研究提供了大量的认识论和方法论,拓宽了篮球运动科学研究的思维,加大了篮球运动科学研究的深度和广度,提高了篮球运动科学研究的时效性和科学性,促进了当今篮球运动的快速发展。篮球运动科学研究与其他体育项目科学研究一样具有许多共同的规律。然而,由于篮球运动本身的特殊性,篮球运动领域的科研活动有其自身的特点,纵观我国篮球运动研究的发展,其特点主要表现在以下几个方面。

1.研究对象和研究领域的广泛性

研究对象涉及儿童至老年各个年龄段不同水平的篮球爱好者;各类别的学生、教师,各等级的运动员、教练员、裁判员,各职能的工作人员;以及学校篮球、竞技篮球、职业篮球、篮球市场等多种研究对象。例如:《对我国少年女子(13—15岁)篮球运动员身体素质、基本技术评价模型的研究》(王慧琳,2001)中选取的研究对象是辽宁省阜新少体校、石家庄少体校、全国少年集训队及篮球学校(成都)优秀女子少年篮球运动员为调查对象;《篮球裁判员知觉技能水平的测试与评价》(章建成,1997)就是对三个等级的教练员进行测试,以探讨情景测试评价篮球裁判员的可能性;《中国篮球甲级联赛(CBA)、职业联赛(CN - BA)和美国(NBA)联赛的比较研究》(张伟建,1998)等。

在研究层面,包括指导理论体系、发展战略和领导体制的宏观研究,还包括操作性的生化反应、力学分析和技术分析等方面的应用研究;对国家队高层次篮球队的研究和青少年后备人才的能力进行了研究,例如:《21世纪世界篮球竞技运动的发展趋势—兼论中国篮球运动现状及对策》(孙民治,2001)、《运动性尿蛋白试纸在篮球科学化训练中的应用与研究》(苏文阳,2015)等。研究范围主要包括篮球理论体系与历史研究、篮球技战术、身心训练理论与实践研究;篮球竞赛的指挥、分析与调控研究;篮球教学训练的生理、生化和生物力学的研究;篮球运动员营养、医疗和恢复的研究;篮球裁判员的培养和篮球规则与技战术关系的研究;篮球运动的赛制和发展的研究等方面,例如:《对我国篮球

职业化改革的思考》(梁建平,1999)、《对我国篮球理论研究现状的思考》(谭朕斌,1999)等。

2.研究内容的时效性

篮球运动科学研究来源于篮球运动本身,为篮球运动实践的发展服务,篮球运动科研的开展需要大量翔实的研究素材,而篮球运动丰富的技术动作、战术设置、竞赛视频、独特的运动形式以及相关学科的快速发展恰好可以为篮球科研提供丰富的相关内容。同时,只有经过篮球运动实践的检验,篮球运动科研的结果才能转化为篮球运动科学研究的成果。由此可见,篮球科研不仅来自篮球运动实践而且服务于篮球运动实践,它们是推动篮球运动科研不断发展的源泉和不竭动力,二者是互动统一的有机体。

就目前理论转化为实践的成果看,篮球运动科研的实践性、实效性已经得到了很好的检验。科研选题也都大多围绕篮球技战术训练、教学理论和竞技比赛的问题进行研究。例如,联防、篮球比赛盯人战术的运用研究、篮球运动员的选材测量与评价、篮球课的组织教法与教学、篮球运动快攻中的"多打少"的训练方法与效果、篮球急停跳投技术的掌握与运用、篮板球的有效拼抢、决胜时刻相关战术的执行等。

3.研究过程的动态性和结果的创新性

动态规律是篮球运动的基本规律之一,就运动本身而言,攻防矛盾是推动篮球运动可持续发展的内生动力,外部环境变化则是篮球运动创新提高的外源性动力,规则的修订、调整竞赛制度、转变体制、相关学科知识的发展和现代科技的创新,对篮球运动的不断发展和创新起到了积极的引导和推动作用。篮球运动的科学研究也继承了篮球运动的动态特征,篮球运动的科学研究时间长,跨度大,提出科学假想、搜集数据、进行预实验、科研实验到结果分析、科学论证、得出结果,这个过程就是一个动态发展的过程。科学技术的发展和相关学科知识的不断提高和完善,产生创新了一系列的新方法、新手段,创造了新理论和新技术,这些创新成果被合理地运用到科研之中,使得科研得以进一步发展与创新。

4.研究理论与方法的综合性

篮球运动涉及人体解剖学、人体测量学、运动生理学、运动生物化学、运动生物力学、运动医学、营养学、保健学、运动训练学、体育心理学、体育社会学、统计学、教育学、社会学、经济学、法学、管理学、哲学、文学等多种学科以及控制论、系统论、信息论等多种理论现代科学技术成果也被大量采用。例如幻灯投影技术、摄影摄像技术、各种精密仪器的使用、电视录像的演示、电脑软件的开发以及各种针对性研制的器材的应用等，通过对各学科的交叉应用和吸收现代化科学技术成果，综合运用多元化的研究方法和手段，可以使科研工作者从不同视角去研究有关篮球的诸多问题，拓宽篮球科研视野，增强篮球科研的准确性、科学性和时效性。篮球科研作为一项科学的工作，仅靠教师和教练员的教学经验是远远不够的。研究结果应是定性分析与定量分析相结合，采用数学原理和方法，对运动员的生理、心理、素质等方面的数量指标进行科学的统计分析，以便掌握教学训练过程中的各种现象和规律。

研究方法是在研究过程中发现新现象、新事物，或提出和推广新理论、新观点，揭示事物内在规律的工具和手段。随着现代科学技术逐渐在体育科学技术中渗透，随着体育运动不断发展以及人们对体育认识日益深化，促使体育科学研究向着深度和广度迅速发展，并逐渐形成适宜体育自身体系要求的研究方法。目前，观察法、调查法、实验法、逻辑法、数理统计法等均在体育科学研究领域中得到广泛的应用，同样，这些研究方法也在篮球运动研究中成为探索篮球运动发展最有力工具和手段。

第三节　篮球科学研究方法

一、观察法

在自然条件下，利用人的感官观察或科学仪器，按照预定的目的和结果，对研究对象进行系统地检查，从而获得真实的科学数据和资料，然后运用相关方法对已经得到的数据和资料进行整理，达到从现象上升到本质，从感性上升到理性的效果，最后获得规律性认识。篮球运动科学研究中通常采用的临场技术统计，就是通过一些测量工具（目前常用的有计算机）对比赛进行定量描述的方法。摄像法则是利用照相机、摄像机、电影摄影来记录所观察到的事物和现象，而后深入观察分析的一种研究方法。例如，《2019年篮球世界杯中国男篮失利因素分析》（刘明刚，2020）运用到了录像观察法，通过CCTV5/CCTV5+的录像回放，一遍又一遍地对中国队参加的2019年篮球世界杯五场比赛录像进行回顾,期间对这五场篮球世界杯比赛(中国VS科特迪瓦、中国VS波兰、中国VS委内瑞拉、中国VS韩国、中国VS尼日利亚)进行统计分析。《论实战训练对高职篮球运动员技战术水平的影响研究》(尚龙盛,2019)中采用观察法反复观看国外与中国关于实战训练、技战术的视频,提供教学、训练视频以及相关书籍,以便更好地了解实战训练、技术和战术。

在运用观察法时要注意以下基本要求:

(1)观察应具针对性:观察应有明确的目的,使观察具有针对性,为提高观察的实效,要充分发挥理论思维对观察的能动作用。

(2)观察应具客观性:为保证观察过程客观和准确,应坚持实事求是的科学态度,观察时忌主观片面。

(3)观察应具系统性:由于事物总是发展变化的,因此要客观地认识事物的发展全过程,就必须进行系统观察。

(4)观察应具准确性:为防止在观察过程中由于主、客观原因而带来误差,要求观察者在观察前做好仪器的校验,选择好观察的位置,印制好观察记录表。正式观察前先进行实习,以便修改、完善和熟悉观察指标,保证观察的准确性。

二、调查法

调查法是研究调查者通过直接或间接的方法,为了了解研究对象而去采集能够反映研究对象性质的数据材料,是当前篮球运动科学研究常用的一种方法。根据调查对象的数量与范围的大小划分,可以分为普通调查、抽样调查等类型,根据调查的性质和内容划分,可以分为现状调查、前瞻调查等类型。调查方式有专家访谈法、问卷调查法、特尔菲(专家调查)法等。

(一)专家访谈法

是对有代表性的、经验丰富的专家进行有目的的谈话,获得研究数据、研究资料的方法。

访问调查法的步骤如下:

(1)取样,根据被访问的总体特征和研究目的,决定抽样方法,决定访问的样本。

(2)制定访问时的提问提纲。

(3)进行访问,访问者要先表明身份、单位和访问目的等。

（4）记录答案，及时整理。

案例陈述：

引自阿布都热扎克·买买提《乌鲁木齐市青少年校园篮球人才培养困境及对策研究》（2019）一文。

为了解乌鲁木齐市青少年校园篮球人才的概况，通过实地调查，制定访谈提纲，2017年7月在乌鲁木齐走访当地相关体育领域的专家、官员等。访谈专家名单及信息如表1所示。访谈内容主要是针对专家及官员对乌鲁木齐市青少年校园篮球人才培养的现状及存在的问题，以此更好地把握后备人才培养中的重点、难点。根据访谈结果设计了与本研究相关的运动员调查问卷450份及教练员调查问卷37份。为了保证问卷的有效和质量，问卷设计之后特请北体大篮球教研室老师及新疆篮球协会有关专家进行审核评价。再经过审核之后对问卷进行修改，确保问卷的全面性及科学性。

访谈专家信息一览表

序号	专家姓名	职称	所在单位、职务
1	×××	教授	新疆师范大学/体育学院院长
2	×××	副教授	新疆师范大学/乌市篮协主席
3	×××	高级教练	乌市体校校长/乌市篮球秘书长
4	×××	高级教练	兵团二中体卫主任/乌市篮协副主席
5	×××	副教授	新疆工程学院/乌市篮协副主席
6	×××	副教授	新疆大学/乌市篮协副主席
7	×××	高级教练	区体育局/新疆教练员委员会主任
8	×××	高级教练	新疆大学/校男篮主教练

附录：专家访谈提纲

尊敬的专家：

您好！我是北京体育大学2016级硕士研究生，毕业论文的题目是《乌鲁木齐市青少年校园篮球人才培养困境及对策研究》。乌鲁木齐市的青少年篮球运动正在飞速发展，这与您的努力是密不可分的，本访谈是为研究乌鲁木齐市青少年校园篮球人才培养而专门设计的，目的是了解本市的校园篮球后备人才培养情况。耽误您宝贵的时间完成这个访谈，您真实、准确的回答对我的论文研究非常重要。您的合作将会对乌鲁木齐市今后的校园篮球人才培养工作有很大的帮助！衷心感谢您的帮忙与支持。

您的姓名：

单位：

职称：

所从事工作：

1.乌鲁木齐篮球运动的发展对新疆的民族团结,社会稳定起着什么样的作用?

(通过当前新疆的维稳状况,乌鲁木齐市篮球有没有为新疆民族团结起到积极的作用)

2.乌鲁木齐市篮球发展对社会有什么价值?(文化、大众健康)

3.乌鲁木齐市青少年校园篮球人才的发展对乌鲁木齐市经济带来怎样的效益?

4.历年来乌鲁木齐市青少年校园篮球人才培养经历了怎样的过程?(过去及当前乌市的篮球后备人才培养的主要模式是什么)

5.您认为现今乌鲁木齐市青少年校园篮球人才培养中竞赛状况合理吗?

6.您认为如何更好处理学与训之间的矛盾?

7.如何提高教练员的执教水平?

8.如何改善校代表队招生困难问题?

9.对乌鲁木齐市青少年校园篮球人才培养有何建议?

(二)问卷调查法

问卷调查法是一种书面形式的调查,设计严谨、详细的若干问题来对研究对象进行询问,然后对所获得的材料进行分析整理的研究方法。问卷调查法的步骤如下。

1.问卷的设计

调查问卷的内容包括三部分,即问卷的标题、问卷的说明和调查问题项目部分,调查问题部分,结构形式大体上有问题罗列式(陈述式)和表格式两种,也可将这两种形式结合运用。

(1)问卷的标题与说明部分

标题要反映调查内容,名称应准确,一目了然。问卷的开头应有一段简单的文字说明,内容调查的目的和意义、调查的主要内容,请求对方帮助与支持,回收问卷的形式和时间、调查的匿名和保密原则,最后应注明自己的姓名、工作或学习单位、邮编、地址、联系电话。为了引起被调查者的重视以及兴趣,开头说明要注意措辞谦虚、诚恳,问卷设计简明扼要、通俗易懂,最后附上诚挚的感谢。

(2)确定调查内容

问卷中所设计的调查问题,应紧紧围绕课题的研究目的及任务来确定,而后对总的问题进行分解,使其成为明确的、互相独立的、详细严谨的小问题。题干应简明并突出重点,在排列方式上应将同类性质问题排在一起,归属成一个分类并附上小标题,然后对每个问题可以按照复杂程度进行递进的排列,将简易的问题、能对后面问题带来启发意义的放在问卷的开头部分,开放和敏感的问题一般排在最后,检查成套可行性的问题不要排在一起,简言之,问题的排列顺序要有逻辑性。

(3)确定回答问题的方式

根据调查问卷问题提问的形式不同,回答方式也不同,对开放型(自由式)问题可根据被调查者的认识自由回答,这类问题多用于面访调查提纲,被调查者具有较高的文化素养与学识水平。关于封闭式问卷,问卷设计时要注明选项的单一性或多样性,或者把答案分为几个层次让被调查者按照自己的认知对其重要程度排出顺序。

2.问卷的信度和效度检验

问卷的信度是指问卷的可靠性,效度是指问卷的有效性,信度是效度的前提,调查结果的信度与效度对结论推导的真实性有至关重要的作用,因此,保证问卷的信度与效度是研究者必须掌握的技巧。为保证问卷的信度与效度,必须注意以下几方面。

(1)设计问卷内容时

第一,要阅读有关文献资料与专业书籍,并经专家评定;第二,为避免设计的内容有所遗漏,应采取开放式与封闭式相结合的回答方式;第三,正式调查前,可通过小样本或小范围的预调查,以验证其可行性与有效性。

(2)对问卷信效度进行检验

信度一般是指测验结果的可靠性、一致性,反映出调查对象可靠、真实的实际情况,信度系数越高表示该测验的结果越可靠。

信度检验:信度指标多以相关系数表示,常用的信度分析方法有两种:第一种是"重测信度法",利用统一检测方法,对同组受试者进行先后两次实验,计算出零次的相关系数,估价其可靠性;第二种是"折半信度法",即采用分半的方式对问卷题目按奇偶顺序分半,得出内部一致性系数,衡量测验内部的一致性程度。此方法一般用于态度量表的信度检验。

效度检验:常用的问卷效度的调查类型有内容效度与结构效度两种。内容效度是指问卷的内容是否完全反映了研究计划所需要的所有材料。有两种检验方法:一种是表面效应检验,或称逻辑分析检验,邀请有关专家对问卷的内容进行实质性的审查和评估,并从问卷的内容和逻辑关系上看问卷是否符合研究的目的、任务与研究的需要;另一种是评定量表方法,即分别对问卷内容的各大问题及其范围加以定量评定(评分),然后算出每个评分者的效度分数,最后求出全部专家总的平均效度分数。

案例陈述:

引自赵国华《我国竞技篮球职业化发展战略研究》(2013)一文。

本研究围绕研究的重点内容对国内篮球管理专家、理论研究专家和训练专家展开问卷调查。利用八一队主场设在宁波之便,对来宁波参加CBA比赛的俱乐部教练和俱乐部管理人员、国内知名篮球理论研究专家等共57人就我国竞技篮球职业化发展战略问卷调查表以下简称问卷(1)和我国竞技篮球职业化影响因素调查问卷表以下简称问卷(2)进行问卷调查,其他被访问者通过问卷星、电子邮件、友情协助等形式完成。

(1)问卷的效度检验

采用专家评估法检验问卷的效度选取10名专家对问卷中各变量与我国竞技篮球职业化的关系进行评估,并以此为依据确立各变量取舍。

(2)问卷的信度检验

采用再测法检验调查问卷的信度选取10名调研对象,再次实施相同问卷调查。将两次调查结果建立数据库,并作相关分析,问卷相关系数 r1=0.81,r2=0.87。

(3)问卷调查实施

本次共发放问卷57份,回收49份,回收率85.97%,问卷(1)有效回收47份调查问卷,有效率为95.91%,问卷(2)有效回收49份调查问卷,有效率为100%。

(三)特尔菲法

特尔菲法又称"专家调查法",它是调查者以书面形式对研究的问题向有关专家进行咨询调查,并背对背地反复多次汇总征询意见,从而进行预测与判断的一种调查形式。在篮球运动科研中多用于研究技、战术发展趋势及预测大赛的胜负情况等。

特尔菲法的运用程序如下:

1.确定研究调查主题,拟定一份调查提纲和表格。

2.确定被调查专家,应选择在本研究领域内连续工作十年以上有造诣的专业人员,专家人数一般以10人至25人为宜。

3.调查过程

(1)向专家发放信函,提出要求,提供有关背景资料,明确调查的预测目标,征求意见。

(2)发调查表给专家调查表只提出要求预测的问题。

(3)调查者对专家寄回的调查表进行汇总整理,并将统计归纳后的结果反馈给各位专家,为专家修改自己的意见做参考。

(4)调查者在第二轮问卷回收之后,再对调查的数据进行统计归纳,然后反馈给各位专家。如此反复三至四轮可得出较准确预测结果。

案例陈述:

引自杨洋《中外男篮传接球技术运用对比分析》(2012)一文。

为了合理选择传接球技术的统计指标,在初选指标的基础上通过特尔菲法,向国内部分篮球界专家发放三轮调查问卷,通过三轮符合特尔菲法的操作程序和严格控制专家调查,得到专家趋于统一的意见,以确立合理有效的评价指标。经过筛选后得出评定蒸球传接球技术的统计指标,专家的基本情况和三轮问卷的发放与回收情况见下表

专家问卷回收情况统计表

轮次	发放问卷	回收有效问卷	回收率%
第一轮	32	28	87.5
第二轮	28	25	89.3
第三轮	23	23	92.0

三、实验法

实验法是研究人员在一定条件下,运用一定的方法手段,人为地控制、模拟自然现象,排除非实验因素的干扰,突出主要因素,在特定的条件下通过实

践探索自然规律的一种研究方法。实验的类型很多,主要有定性实验、定量实验、对照实验、模拟实验等。

(一)科学实验的构成因素

任何科学实验都包括三个基本因素,即施加因素、实验对象和实验效应。

施加因素又称处理因素,即在实验中为揭示实验对象可能发生某种变化的突出因素,如提高投篮命中率实验中的某种训练手段与方法等。施加因素必须使之成为规范稳定的、可操作实施的一些内容、方法、手段等。

实验对象一般指实验对象所涉及的全部对象,即整个实验研究对象从整个实验对象中抽出实验个体就是实验的实验样本,它是实施实验的受试者,是实验的主体。实验效应是指通过实验后施加因素对受试者的作用,为了解释施加因素在受试样本产生的效应,就必须通过一定的指标来进行观测,以便确定实验的效应程度。为了保证观测结果的正确性和可靠性,必须遵循指标的有效性、客观性、代表性和标准化的原则。

(二)实验设计

实验设计就是实验的设想方案。即在实验前对即将进行的实验工作做一全面的考虑,确定实验方法途径,拟订出明确的方案,提高实验的计划性,以保证实验工作的顺利进行。

1.设计实验的原则

(1)重复性原则。必须使所设计的实验方案能重复进行,并能产生同样的结果。

(2)可控性原则。尽量控制各种实验条件,采用均衡或对称安排的方法来达到控制实验的目的。

(3)随机性原则。实验对象必须随机抽样,不能人为地挑选。

(4)对照性原则。"有比较才能有鉴别",实验分组设计常有自身的比较设计、组间比较设计和配对比较设计。

2.实验设计的内容

包括实验题目、实验原理(理论依据)、实验目的、实验任务、实验时间、实验对象、实验分组设计、实验因素及实验步骤等。实验题目是实验的第一步,首先实验方向要明确,一般建立在具有理论和实际意义的基础上,有一定的学术价值和实用价值。

案例陈述：

引自谭赟《混合式学习在高校公共体育篮球选项课中的实证研究》(2020)一文。

(1)实验目的:通过对两个班学生运用混合式学习模式和传统体育学习模式进行教学对比实验,收集数据,统计分析后比较两种教学模式对学生综合成绩及学生兴趣的差异。

篮球运动教学训练的理论与实践

(2)实验对象:西南大学大二篮球选项课学生60人。

(3)实验地点:西南大学第一运动场。

(4)实验时间:自2019年3月起至2019年6月。

(5)实验步骤:对每周四篮球选项课T28班的同学进行身体素质测试分组,实验前测试的项目是从《国家大学生健康体质标准(2007)》中选取的引体向上(男生)、仰卧起坐(女生)、50米、1000米(男生)、800米(女生)进行测验,测试的各指标运用SPSS进行独立样本t检验,确定两组是否同质,以保障实验有较高的有效性,按测试结果分组,每组各30人。A组采取混合式学习教学模式进行教学,B组采用传统体育教学模式进行教学,保证两组的教授内容、授课教师、两组的学生性别比例以及水平基本一致,教学内容按照西南大学公共体育篮球教学大纲来执行,线上教学工具运用"微信"公众平台和"对分易"网络教学平台。

(6)实验记录及结果分析:实验前对照组和实验组进行独立样本T检验,两组没有显著性差异,符合实验要求。

实验后对两种教学模式的成绩进行比较,两组有明显的差异,实验组成绩显著高于对照组。学生的兴趣也发生了变化。由此可见,混合式学习模式注重学生能更直观地学,在这种多情景中学,学生能够更易接收与消化。

(三)实验的实施

实验实施是整个科学实验过程的中心环节,在此阶段实验人员要完成以下几项任务:

1.实验仪器设备的安装

2.预备性实验

3.实验过程中的操作、观察与记录

4.对实验结果进行处理与评价

四、逻辑方法

科学研究必须对一些现象或问题经过调查、实验、探讨后运用理论思维的方法进行整理和分析,使认识从经验层次上升到理论层次对资料事实进行整理的过程其实是运用多种方法辩证统一的过程,包括比较、分类、类比、归纳与演绎、分析与综合等逻辑思维方法。类比、归纳与演绎法已在建立假说的方法中介绍,这里对比较法进行介绍。比较,是确定事物的共同点和差异点的一种逻辑方法,是人类认识事物最基本和最常用的思维方法。比较分为纵比和横比两种,纵比是比较同一事物在不同时间的状态;横比是比较不同事物各自的特点。

1.比较法在篮球研究中的应用

在篮球科学研究中,广泛地运用比较方法,无论是对比赛统计资料的分析或对实验结果的论证及提出的新观点、新方法,无不运用比较法在对篮球领域中各种现状分析时常用纵向比较以揭示篮球运动发展的规律,在提出新观点、新论证、新方法时,又常采用与先进国家的横向比较。

2.应用比较方法进行研究的条件

(1)比较对象必须具有可比性

两种比较对象需要比较的属性能用同一单位或标准去衡量,否则这两种对象就不能相比。

(2)要有精确、稳定的比较标准

这不仅是定量比较的基础,也是定性比较所必需的。因此选择和制定精确、稳定的比较标准是进行有效比较的前提。

(3)比较研究必须建立在正确的理论做指导的基础上。

五、数理统计法

数理统计是运用概率论定量地研究和剖析实践中所遇到的具体随机现象内部规律的数学方法。在篮球科学研究中得出的各种观测、实验数据都属随机变量,随机变量在数值上是随机波动的,但又具有某种分布。我们经常用它们分布相联系的数来反映其变化规律。

在数理统计中,也有一些关于事物的各种因素之间关系的定量研究,最常用的方法是相关分析和回归分析,用相关系数定量地描述两个变量(因素)间的密切程度。如果两个变量存在相关关系,则可用回归分析的方法研究这种关系。从一组样本数据中设法找出它们这种联系的数学表达式,称回归方程。由于篮球运动科学研究的现象是复杂的,大多众多因素交织在一起,因此,要进行多因素分析、聚类分析。

六、技战术统计法

通过观察法获得全面系统的比赛数据,然后对其技战术运用的具体情况进行分析整理,得到一些有用的信息,从而为教练员提供帮助。在比赛中教练员可以根据2分球命中率、3分球命中率、盖帽、跳投、助攻和失误等数据判断哪些队员在比赛中状态好,哪些队员在比赛中状态不好,进而调整比赛阵容,最终使球队获得比赛的胜利。教练员还可以通过球队进攻过程中的线路、技术动作发生的区域和视频片段进行比赛分析,从而更好地指挥比赛,在课题中主要从两个方面进行技战术分析,一个是技战术数据分析,另一个是视频分析。

技战术数据分析:

首先根据录人的技战术信息统计出队员的得分、2分投中、2分投篮、3分投中、3分投篮、罚中、罚球、前场篮板、后场篮板、总篮板、盖帽、助攻、抢断、失误、犯规等技战术数据,并可以把这些数据以Exce1表格的形式输出;统计出比赛双方的每节的得分情况;统计出比赛双方的主队队员得分、替补队员得分、内线得分和快攻得分等;同时还可以根据相应的查询条件统计出落点和线路等。

视频分析:

通过球队、队员、技术动作和节数等查询条件统计出发生该技术动作的视频片段,并播放这些视频片段,以供教练员观看。

第四节 篮球运动科学研究基本程序

科学研究活动是人类能动地认识客观世界、改造世界的过程,这是一个不断深化的认识过程,在这个过程中必须要按照一定的程序完成各项工作,一般

来说,科学研究工作基本上包括以下五个程序:第一,选择研究课题;第二,建立假设并验证,制订研究计划;第三,研究资料的收集与整理;第四,撰写科研论文;第五、报告和评定论文。篮球运动科学研究也同样按照这个程序进行。研究过程的每一个环节、具体工作和采用的方法,在实施过程中又进行一系列的工作。

一、研究课题的选择

课题的选择是进行科学研究的首要环节,它直接影响着研究的完成是否有价值。只有具有相当的知识及科学鉴别力,才能提出既适应现实需要又能反应未发展的开拓性课题。

(一)选题来源

篮球科学研究的选题来源于篮球运动实践中遇到的共性问题、疑难问题、亟待解决的问题。首先,可以从篮球运动教学、训练、比赛中遇到的问题进行思考和观察,善于联想,从而找到值得研究的课题。其次,在阅读文献资料的过程中发现问题,通过查阅相关文献资料,了解有关问题的历史、现状和前沿动态,发现文献中已经提出但尚未解决的问题,或者发现前人研究的薄弱环节及尚未研究的内容,从而选择出具有价值且充实、完善甚至是填补空白的课题。第三,可以从篮球运动改革与发展趋势中发现问题,如篮球市场、我国篮球运动各项制度改革的指导思想和主要对策、篮球运动各项制度的改革和运行机制等,善于从实践中分析。

(二)选题的基本程序

1.课题调研

对相关课题的历史、现状及发展趋势进行调查研究,掌握现在已经做了哪些工作、还存在什么问题、得出了什么结论、有什么经验和教训。

2.课题系统化

在阅读与本课题相关的文献资料,掌握篮球运动的发展趋势和研究现状,明确当前研究的热点、重点领域的基础上,使课题系统化。第一,确定课题所要研究的目标,明确研究的主要任务以及围绕主要任务而要进行的具体研究过程。第二,确定研究可提升的对象和方法。研究对象的选择应根据具体目标确定,使研究对象具有代表性和科学性。在确定研究方法时,不仅要考虑研究对象的抽样方法、研究指标的确定方法和数据收集的方法,还要考虑研究方法的有效性、经济性和创新性。

3.课题的论证

课题的论证是指对课题进行全面的评价,看课题是否符合选题原则,进而论证课题的可行性和研究价值。一般以相关管理决策部门和领域的专家研究评议相结合的方式进行。课题的论证包括以下内容:

(1)对研究课题的论证。包括国内及国外相关问题的研究方法、研究状况,课题选定的依据,本课题研究的基本内容、重难点和目的及意义。

(2)对课题实施和完成条件的论证。包括负责人的组织能力、研究水平;参加者的研究水平和时间保证;资料设备、科研手段、课题组人员分工以及经费保障。

4.课题的确定

通过课题论证,确定研究目标、研究对象和研究方法,具备一定的研究条件,就可以进行最后定题,定题时注意题目要准确、具体、规范。

(三)选题的原则

1.需要性的原则

科学研究是以满足社会生产的需要和人们日益增长的物质文化需求,从而促进社会进步和科学发展,促进精神文明和社会主义物质文明建设为最终目的,因此在选择课题时要以社会的需求为前提。同时,只有面向社会和契合生产实际需要的选题,其成果才能为社会所接受、"吸收"、消化,以至转化为实际的生产力从而推动社会的进步。除此之外,科学本身发展的需要也是科研选题的一个非常重要方面,所以应从自身实际出发,一方面选择对基础理论研究以及对国民经济建设有重大影响的"高精尖"课题,还可以结合本地区经济、文化发展的需要,充分利用地区的优势和资源,选择一些"短平快"的项目;另一方面鼓励研究人员以及教师立足于教学和工作实际,瞄准学科前沿,从而发现其中问题并提出相关的研究课题。

2.可行性原则

一个研究课题的完成,一般需要三个基本条件和要素,即理论条件"物质条件"能力条件和人、财、物三要素,如果所研究的课题不具备所需的基本条件和要素,而且经过努力还是难以达到或者根本不可能达到研究目的,因此在选择题目过程中,一定要分析清楚主观、客观条件和所处的环境,要做到"知己知彼",只有遵循可行性原则后才能扬长避短,充分利用现有的条件和要素选择好符合条件的研究课题。

3.创造性原则

科学研究就是指不断地开拓新领域建立新理论,不断创造新技术研制新产品"新工艺"新方法等,科研选题要具有创造性,将那些尚未认识而又需要探讨的问题作为研究对象,切忌重复别人已经做过并已经取得成果的类似课题,选题要始终坚持创造性原则,应选择国内外尚不成熟或尚未研究的课题,从新技术的创新、从科学发展的前沿去选题,从科学研究的歧义点或"空白点"等进行选题。

4.特色性原则

现代科学研究的发展趋势是科学理论的统一化,技术发展的综合化,科学与技术的相互结合,各个学科之间的相互渗透,高校在科研领域内的相互渗透,适宜进行综合性强的科研课题,高校应充分利用这一优势,从交叉学科文理渗透之中寻找研究课题。当前为了培养复合的创新型人才,需要创建新学科和新专业,这些新学科和新专业大多是多种学科的"混血儿"。为此应特别注意从创建的新学科新专业中去寻找课题;同时结合地方文化、经济建设的实际需要寻找体现地方特色的课题,形成属于自己的学科特色、地方特色以及系统特色。

5.教育性原则

培养高效人才是高校的根本任务,也是高校科研的目的之一。当代教育的一个显著特点是教育实践必须以科学的教育理论为先导。当前无论是高校还是整个教育系统都面临着许多问题需要解决,这些问题涉及理论与实践、学科教育和非学科教育,都需要通过高校运用科学研究去解决。因此高校选题应抓住这一特殊任务,积极主动地在培养人才、提升质量、强化能力等方面去寻找课题,为发展高等教育事业、提高科学文化素养作出积极贡献。

6.效益性原则

科学研究应充分考虑效益,特别是应用研究方面的选题需要考虑到经济效益,除了投资少、见效快的经济效益外,还要节约原材料,降低消耗,综合利用,不破坏场地生态环境。对那些投资需求大、探索性较强、研究周期长而且见效又慢的研究课题,则不适宜全面展开,更不可盲目上马。否则将会给国家和学校带来不应有的损失。总之选择和确定好课题时,特别是在选择应用研究、开发研究的课题时,一定要进行经济效益的分析、论证力求以最小的代价获得高效的社会效益和经济效益。

以上选题的原则,虽然看似各自独立,但彼此之间相互联系。特别是当我们在确定某一具体的科研课题时,首先要考虑的就是需要性原则和可行性原则;然后才是创造性原则或特色性原则,最后是教育性原则或效益性原则。其中基础理论方面的研究又往往看重教育性,应用性研究往往看重效益性,较少强调只运用某一原则。如果仅用一种理论来确立本课题,这一课题的提出将是不成熟或缺乏研究价值的。

二、建立假说与验证,制订研究计划

(一)建立假说与验证

1.建立假说

根据一定的科学理论以及科学事实,对模拟研究问题的假定性进行说明或是试探性解释,也就是对所要研究的事物进行猜测和解释。任何科学研究必须先有假说,因此假说是发现形成新理论和新事物的桥梁。建立假说通常采用类比、归纳、演绎等逻辑方法。

(1)类比法。就是根据未知事实与已知事实之间进行归类比较,进而对未知事实提出猜测。

(2)归纳法。这是一种由特殊到一般的推理方法。运用归纳法可以把大量的材料进行整理分析,提高到理性认识阶段,把若干特殊的理性认识变为一般的理性认识。例如建立假说时运用归纳推理。篮球比赛要求运动员跑得快,跑得快需要强有力的蹬地;篮球比赛要求运动员跳得高,弹跳力需要有强有力的爆发力;篮球技术的准确性与手指手腕力量密切相关,篮球比赛激烈的对抗需要运动员强壮有力。通过一系列个别事实的归纳,可提出"力量是篮球运动员必不可少的重要素质"这一假说。

(3)演绎推理。比如以"力量是篮球运动员必不可少的重要素质"进行演绎推理:

大前提:发展运动员的力量素质能提高弹跳力。

小前提:篮球运动员是运动员。

结论:发展篮球运动员的力量素质可以提高弹跳力。

在假说建立的过程中,无论采取什么方法,都要采取逐步逼近、不断修正、补充、提炼的办法来完成。

2.验证假说

假说只是一种猜测,它正确与否必须经过检验。检验的标准是实践,即科学事实。通过严格的科学实验、观测、调查等方法获取科学事实来验证假说,只有通过实践证明是正确的,假说才能成为科学理论。

(二)制订研究计划

研究计划是对研究工作经过谋划而形成的实施方案,也称之为研究方案。有了周密详细的研究计划才能有步骤、高效率地完成研究任务。研究计划的内容主要包括以下几个方面。

1.研究课题名称。

2.选题依据这部分是选择和确定研究课题的理论阐述,主要包括国内外的研究动态、提出问题的理论与实践依据、研究的目的意义。

3.研究对象的范围与研究任务。这是根据假说进一步将研究对象的具体范围明确化,研究任务条理化。

4.研究方法指收集科学事实验证假说的具体研究方法。在设计过程中包括以下内容。

(1)设计研究指标,即实验、观摩和调查的具体项目。

(2)建立操作定义。

对于研究中某些抽象概念和指标做出明确的操作界定。如技术结构、快攻、妙传等,要明确指出其具体内容和特征,才能在收集材料过程中实际操作。在科学研究中操作定义的作用效果起到了越来越重要的作用,它能使理论概念具体化,使指标成为可以直接感知和衡量的具体事物。同时又可以提高研究指标的统一性,从而有利于指标结果的对比分析建立操作定义的常用方法有以下三种:第一,它是由客观事物的状态、数量和具体现象来界定的。第二,分解被定义指标(问题)的特征和所含的小指标(或因素)。如"教学训练能力"可定义为"讲解示范能力、组织教学与练习能力、发现与纠正错误能力、临场指挥能力、思想教育与球队管理能力、评价与总结能力等"。第三,用被定义指标表现的主要特征的数量标准进行界定,如高大队员定义为身高两米以上的锋线队员等。

（3）研究样本与抽样方法的设计。甲研究样本设计是从研究对象的总体中合理取出来的部分对象。常常陷于条件不可能对研究对象总体进行全面研究,只能进行抽样研究。样本量的大小(多少)以能代表研究总体的特征为宜。样本量太小其代表性就差、样本量越大,误差越小,但受经费、时间、人力等条件的局限,研究者往往很难实现。按照统计学中确定样本量的方法,在样本误差允许范围内,应力求以较少的样本满足研究的需要。确定样本量后,还要根据研究对象总体范围的大小和构成特征,采取适当的抽样方法。有随机抽样和非随机抽样两种,随机抽样时应遵守随机抽样原则,杜绝研究者按主观意图进行选择性抽样。随机抽样的常用方法有抽签法、随机数字套用法、等距抽样、分层抽样、整群抽样、多段分级抽样等。非随机抽样是与随机抽样对应的一种抽样方式,是根据主观判断或操作的便利来抽取样本。非随机抽样的方法有偶遇抽样、立意抽样、定额抽样、滚字球抽样等。由于非随机抽样不能控制统计上的误差,因此在推断总结时要非常慎重。

（4）对数据进行统计处理的设计。统计分析方法的设计常用的有定距指标(比率数)、物相关关系统计指标,如比例数、回归系数、差异程度、指标贡献率等。

5.预期结果。假说要经过推理,说明其原理和研究成果可供应用的范围等。

6.工作进程安排。即制定出一套详细的日程计划。这个计划需将整个研究工作的顺序步骤、各时间阶段以及各阶段的工作内容、措施做出预先安排,形成合理的工作流程。

7.研究经费的预算。

8.课题负责人、参加人以及协作单位。

三、研究资料的收集与整理

（一）研究资料的收集

研究资料是验证假说、论证问题,形成科学理论所需要的科学事实,是研究工作的重要内容。研究资料包括文献(情报)资料和科学事实两大类在收集资料过程中必须坚持客观性与全面性,注意鉴别资料有效程度与可靠程度。这一阶段的工作既要有科学理论与方法的正确指导,又要求研究者具有勤奋顽强、勇于探索、不怕艰苦的精神,这样才能获取丰富可靠的研究材料。

(二)研究资料的整理

对通过实验观察、调查访问、临场统计、查阅文献资料所收集到的大量原始、零乱的研究材料,应经过数理统计与逻辑处理,才能为验证假说、形成科学理论提供有效可靠的依据。

对于文献资料和(定性类)经验事实,主要采用系统方法和各种逻辑方法进行加工整理。对资料进行汇总、分类、检验、筛选。综合研究任务,运用比较、类比、归纳、演绎、分析、综合等方法进行加工整理,揭示事物可能存在的联系与规律,得出研究问题的观点与结论。

对于各种从实验、测量、观察中直接获取的数据应进行统计处理。运用各类指标数据的处理结果,对研究中的某问题进行抽象判断与检验验证假说,提出结论,揭示规律。

这阶段是验证假说的后期阶段,资料的加工整理是理性概括、逻辑分析和创造性加工的过程,这一过程基本完成了对研究假说的检验工作。

四、撰写科研论文

学术论文是表达科学研究新成果的文章。它是研究者完成研究工作的质量和成绩的标志。研究工作者通过撰写论文把研究结果用文字记录下来,成为永久性文献。撰写论文是科学研究工作中不可缺少的组成部分。

篮球运动的论文是指把所进行的研究工作的过程和研究结果,按照一定的标准格式用文字等形式表达出来,它对于研究经验和成果推广以及促进体育事业的发展颇为有益。因此,撰写论文是篮球科研工作的主要组成部分,也是篮球运动科学研究的最后一项主要工作。

(一)科学论文的格式与结构

不同学科的论文题材结构也不尽一样,但是一般自然科学论文,大体由以下几部分组成。

1.论文题目

应将论文的内容和研究范围表达得简洁而醒目,如果题目过长,可分为两部分:主标题与副标题。

2.摘要和关键词

摘要即内容提要。说明论文的研究目的和方法、研究成果和结论,尽可能地保留原论文的基本信息,突出创造性成果和新见解。通常以500字为宜。

关键词是从论文的题目、摘要和正文中选取出来的,是反映论文主旨最关键的词或词组,一般来说,有三至五个关键字用分号分隔,按照词条的外延(概念范围)层次从大到小排列。

3.目录

既是论文的提纲,也是论文组成部分的小标题,应注明相应页码。

4.前言(或选题依据、引言,问题的提出)

用于论文的开头,首先,叙述为什么研究这个课题,这个课题的意义以及要解决什么问题;其次,要阐明所研究问题的背景,前人做了哪些工作,尚有哪些问题未解决,以及进行研究的具体任务。

5.正文

论文的主体部分,应包括论点、论据、论证过程。

6.结论

结论是整个研究的结晶,是论文的精髓,它把研究结果上升为理论。写结论时文字使用要严谨、周密,逻辑严密,文字简练具体,不得用"大概""可能"之类的词。结论应恰如其分,同时要与论文题目、研究内容互相吻合。

7.致谢

在研究工作中得到的帮助,应在论文结束处表示感谢。用词要恰如其分。

8.参考文献

应按照顺序在文末列出论文中参考或引用的所有文献资料,应标注序号、作者、书名(期刊名)、出版单位、页码和年代等相关内容。

9.附录

附录包括正文中过长的公式推导,辅助性数学工具、数据图表、论文使用的符号意义、单位缩写、程序全文及相关说明等。

(二)撰写论文的程序应注意的问题

1.撰写论文的程序

(1)在撰写论文前首先要确定论点、选择材料

一篇学术论文中所表达的论点就是作者在进行课题研究时所获得的新见

解、新看法。一篇论文的水平高低,在很大程度上取决于论点是否有意义,是否有突破、有创新,而论点是由许多原始材料通过加工、整理、概括出来的。所以,选择材料时要选择真实、典型和新颖的材料,力求做到观点新、材料新、论证新。

(2)写作构思

构思即是进行思维的过程,是在统筹兼顾的基础上为研究成果找到合适的表达方式的过程。一篇论文主体部分的层次排列,首先是事物内部的本质联系,其次是作者所强调的内容,最后是读者所要认识的规律。

(3)拟写作提纲

拟好提纲,可以组织好文章的结构,是作者始终能抓住自己的思路。列题纲时,范围一般由大到小逐层筛选,由粗到细,层层思考拟定。首先把论文框架搭好,再考虑每一部分的内部层次,然后再列出要点和事例。在提纲各部分注下所需要的材料(索引号)以备行文时采用。最后准备好材料,拟定好提纲后即可按论文格式进行撰写。

2.撰写论文应注意事项

(1)主题要明确,结构要严谨,层次要清晰,文字表达要通顺、准确、简练,论点论据要明确并且充分严谨。

(2)要有科学的态度,对实验、测试、观察、统计、调查、获得的材料、结果的分析与使用都应实事求是。

(3)研究所得数据,尽可能用图表表示。

(4)题目与研究内容结论要相吻合。

五、论文发表

论文撰写好以后,可在一定范围内或在学术论文上做报告(学生要按时间答辩)。听取专家的意见和建议,根据实际情况进行修改、补充以及文字加工,最后定稿,上交有关部门存档或者发表。

第六章　篮球裁判工作

第一节　篮球裁判员应具备的素质

一、思想素质

(一)热爱篮球事业,具有敬业精神

作为一名篮球裁判员必须认识到裁判工作关系篮球运动的存在与发展,关系篮球技战术水平的普及与提高,关系良好的体育道德的形成与发扬,关系国家的荣誉和声望,只有这样他们才能更加热爱裁判工作。

(二)具有良好的职业道德,遵纪守法

篮球裁判员应具有良好的职业道德,不弄权渎职,以权谋私,不徇情枉法。此外,高水平的篮球裁判员在为人处事方面也应具有较高的道德修养,这将有助于他们去处理场上所发生的任何棘手问题。

二、业务素质

(一)精通规则与裁判方法

裁判员是受托在规则的框架和裁判法的指导下对比赛进行监察的。为提高裁判工作水平,裁判员必须把规则和裁判法这两门课程学深、学透。除此之外,还要将规则与规则解释及各种判例相结合,以达到对整个规则的融会贯通。

(二)通晓技、战术知识

从规则的角度来说,技术是合乎规则要求的正确动作,战术是合乎规则要求的正确配合。裁判员为了正确地鉴别技术动作和战术配合的是与非,必须拥有篮球技战术方面的知识。裁判员只有懂得战术,他才能及时把握住宣判的重点。

(三)具有较强的英语能力

英语是被国际篮联规定的在国际比赛中唯一的官方语言。在所有的国际比赛中,如有必要使用口语,则必须使用英语。所以,无论参加国际比赛、还是与人交流,具备高水平的英语能力是尤为重要的。

三、身体素质

(一)速度快

篮球比赛中运动员的移动速度快,战术变换快,攻防转换快,因而高速度是篮球比赛的特点之一。由此可见,速度素质对裁判员来说尤为重要。

(二)耐力好

一场篮球比赛净时间为40分钟,而且赛况紧张,争夺激烈,裁判员在大部分时间中都是处在高速的奔跑之中,如果裁判员没有充足的耐力,特别是速度耐力,那么他就会感到身体疲劳、反应迟钝,所以,耐力素质对裁判员保持和提高工作效率也是必不可少的。

(三)灵敏度高

裁判员在比赛中不但要做起动、疾跑、急停、转身、侧移和后退等各种动作,而且还要准确、及时地对比赛中的各种情况作出判断,并适时、规范地做出宣判手势,因而,这又要求裁判员具有良好的灵敏素质。

四、心理素质

(一)自信

作为篮球比赛的"法官"——裁判员,首先是要自信,如果裁判员缺乏应有的自信,那么他在宣判时就会显得犹豫不决,或者他虽然作出了正确的宣判,但却表现得不够自信,从而让运动员对他判罚的准确性产生怀疑。所以说,自信是裁判员必须具备的意志品质。

(二)敏捷

由于篮球比赛的速度快,变化多,有些情况稍纵即逝,因此,裁判员只有反应迅速,才能及时地捕捉到违反规则的行为,才能作出正确的宣判。因此,具有思维敏捷、反应迅速的素质,对篮球裁判员来说也是至关重要的。

(三)果断

裁判工作的特点是瞬间反应。如果裁判员优柔寡断,那么就会错失宣判的最佳时机,从而形成"漏判"。如果裁判员草率妄断,又会因时机不成熟,从而造成"错判"。所以,只有那些善观风色、善辨时机、善辨是非,且又当机立断的裁判员,才能称得上是高水平的裁判员。

(四)冷静

对裁判员来说,在他遇到异常或出乎意料的事件时,能不慌张、不急躁、不失态,并有修养、有克制、有举措,这样才能显示出他驾驭比赛的能力,因此说,冷静也是高水平裁判员应具备的素质。

第二节　篮球运动的主要规则

一、比赛通则及一般规定

(一)篮球比赛的定义

每场篮球比赛由两个队参加,每队出场五名队员。每队的目标是在对方球篮得分,并阻止对方队得分。

(二)比赛的胜者

在比赛时间结束时得分较多的队,将是比赛的胜者。

(三)比赛的时间

比赛应由四节组成,每节10分钟。每一决胜期为5分钟。

(四)交替拥有

是以掷球入界而不是以跳球来使球成活球的一种方法。

(五)球中篮和它的得分值

当活球从上方进入球篮并停留在球篮内或穿过球篮时,是球中篮。

球进入对方的球篮,如是一次罚球得1分;如是从2分投篮区投篮得2分;如是从3分投篮区投篮得3分;如果队员"意外"地将球投入本方球篮,中篮得2分,此得分登记在对方场上队长名下;如果队员"故意"地将球投入本方球篮,是违例,中篮不计得分;如果队员使球整体从下方穿过球篮,是违例。

(六)暂停

每队可准予在上半时(即第一节和第二节)两次暂停;在下半时(即第三节和第四节)三次暂停,但在第四节的最后2分钟,最多两次暂停;每一决胜期1次暂停。每次暂停时间为持续的1分钟。

(七)队员个人犯规

如一名队员发生侵入犯规和/或技术犯规已达五次时,裁判员应通知该队员,其必须在30秒钟内被替换。

(八)全队犯规

在某一节比赛中,某队全队队员犯规累计已达四次时,该队将处于全队犯规处罚状态。随后所有发生的对攻方未做投篮动作的队员的一般性质的侵入犯规(除违反体育道德的犯规、技术犯规、取消比赛资格犯规和控制球队队员犯规等外),都应判给攻方被侵犯队员两次罚球,从而替代了攻方的掷球入界权利。

二、常见违例

违例是违犯规则的行为。罚则是将球判给对方队员在最靠近发生违例的地点掷球入界。

(一)队员出界、球出界和使球出界的队员

当队员身体的任何部分接触界线上方、界线上或界线外的除队员以外的地面或任何物体时,是队员出界。

当球触及了:①界外的队员或任何其他人员时;②界线上、界线上方或界线外的地面或任何物体时;③篮板支撑架、篮板背面或比赛场地上方的任何物体时,是球出界。

在球出界、甚至球触及了除队员以外的其他物体而出界之前,最后触及球或被球触及的队员,是使球出界的队员。如果球出界是由于触及了界线上或界线外的队员或被他所触及,是该队员使球出界。

(二)两次运球

当在场上已获得控制活球的队员将球掷、拍、滚、运在地面上,或故意将球掷向篮板并在球触及另一名队员之前再次触及球时是运球开始;当队员双手同时触及球,或允许球在一手或双手中停留时是运球结束。队员第一次运球结束后不得再次运球,如再次运球则是两次运球。除非在两次运球之间,由于下述原因他在场上已失去了控制活球,如投篮、球被对方队员触及、传球或漏接,然后触及了另一队员或被另一队员触及。

(三)带球走

当队员在场上持着一个活球,其一脚或双脚超出规则所述的限制向任一方向非法移动时是带球走。判断带球走的关键是确定持球队员的中枢脚。

中枢脚确立方法及行进时的规定:

1.对在场上接住活球的队员中枢脚的确立方法

(1)双脚站在地面上时

一脚抬起的瞬间,另一脚即成为中枢脚。

(2)移动时

①如果一脚正触及地面,该脚成为中枢脚。

②如果双脚离地和队员双脚同时落地,一脚抬起的瞬间,则另一脚成为中枢脚。

③如果双脚离地和队员一脚落地,该脚即成为中枢脚.如果队员跳起那只脚并双脚同时落地停止,那么,哪只脚都不是中枢脚。

2.对在场上控制了活球并已确立中枢脚的队员带球行进时的规定

(1)双脚站在地面上时

①开始运球,在球离手之前中枢脚不得抬起。

②传球或投篮,队员可跳起中枢脚,但在球出手之前任一脚不得落回地面。

(2)移动时

①传球或投篮,队员可跳起中枢脚并一脚或双脚同时落地,但一脚或双脚抬起后在球出手之前任一脚不得落回地面。

②开始运球,在球离手之前中枢脚不得抬起。

（3）停止时哪只脚都不是中枢脚时

①开始运球,在球离手之前哪只脚都不得抬起。

②传球或投篮,一脚或双脚可抬起,但在球出手前不得落回地面。

3.当队员跌倒、躺或坐在地面上时的规定

（1）当一名队员持球时跌倒和在地面上滑动,或躺,或坐在地面上时获得控制球是合法的。

（2）如果之后该队员持着球滚动或试图站起来是违例。

（四）3秒钟违例

当某队在前场控制活球并且比赛计时钟正在运行时,该队的队员不得停留在对方队的限制区内超过持续的3分钟,否则为违例。

（五）被严密防守的队员违例

一名队员在场上正持着活球,这时对方队员处于积极的、合法防守姿势,距离不超过1米,该队员是被严密防守。一名被严密防守的队员必须在5秒钟内传、投或运球,否则为违例。

（六）8秒钟违例

当一名队员在他的后场获得控制活球时,或在掷球入界中,球触及后场的任何队员或者被后场的任何队员合法触及,掷球入界队员所在队仍拥有在后场的球权时,该队必须在8秒钟内使球进入他的前场,否则为违例。

（七）24秒钟违例

当一名队员在场上获得控制活球时,或在一次掷球入界中,球触及任何一名场上队员或者被他合法触及,掷球入界队员所在的球队仍然控制着球时,该队必须在24秒钟内尝试投篮。这不但要求在进攻计时钟的信号发出前,球必须离开队员的手,而且球离开投篮队员的手后,球必须触及篮圈或进入球篮,否则为违例。

（八）球回后场违例

在前场控制活球的队,不得使球非法地回它的后场,否则为违例。宣判球回后场违例必须符合以下三个条件:1.该队在前场已控制球;2.该队队员在前场最后触及球;3.球回后场后,该队队员最先触及球。

（九）掷球入界违例

1.当发生下列情况时,为掷球入界队员违例

（1）超过5秒钟球才离手。

（2）球在手中时，步入比赛场地内。

（3）掷球入界的球离手后，使球触及界外。

（4）在球触及另一队员前，在场上触及球。

（5）直接使球进入球篮。

（6）在球离手前，从界外指定的掷球入界地点，在一个或两个方向上横向移动总距离超过1米。然而，只要情况许可，掷球入界的队员从界线后退多远都可以。

2.当发生下列情况时，为除掷球入界队员外的其他队员违例

（1）在球被掷过界线前，将身体的任何部位越过界线。

（2）当掷球入界地点的界线外任何障碍物和界线之间少于2米时，靠近掷球入界队员在1米之内。

（十）脚踢球和拳击球违例

队员不能故意踢或用腿的任何部分阻挡球或用拳击球，否则是违例。然而，球意外地接触到腿的任何部分，或腿的任何部分意外地触及球，不是违例。

（十一）罚球违例

1.当发生下列情况时，为罚球队员违例

（1）可处理球后，球离手的时间超过5秒。

（2）球进入篮或触及篮圈前，该队员触及罚球线或进入限制区。

（3）球未触及篮圈也进入球篮。

（4）做罚球的假动作。

2.当发生下列情况时，为在分位区站位的队员违例

（1）占据他们无权占据的分位区。

（2）在球离开罚球队员的手前，进入限制区、中立区域或离开他的分位区；

（3）用他的行为扰乱罚球队员。

3.在球进入篮或触及篮圈前，未在分位区内的其他队员不得越过就近的罚球线延长线和3分投篮线，否则为违例。

三、常见犯规

含有与对方队员的非法身体接触和/或违反体育道德举止的违犯规则的行为是犯规。罚则是登记每一犯规者的犯规并进行相应的处罚。

(一)侵人犯规

无论在活球或死球的情况下,攻守双方队员发生的非法身体接触的犯规是侵人犯规。

队员不应通过伸展他的手、臂、肘、肩、髋、腿、膝、脚或将身体弯曲成"不正常的姿势"(超出他的圆柱体)去拉、阻挡、推、撞、绊对方队员,或阻止对方队员行进;也不应放纵任何粗野或猛烈的动作去这样做。

当防守控制(正持着或运着)球的队员时,时间和距离的因素不适用;但当防守不控制球的队员时,时间和距离的因素应适用。

罚则:

1. 均应登记犯规队员一次侵人犯规。

2. 如果对未做投篮动作的队员发生犯规。

(1)如果犯规的队此时未处于全队犯规处罚状态(即:该队本节全队累计犯规次数少于或等于4次),则由非犯规的队在最靠近违犯的地点掷球入界重新开始比赛。

(2)如果犯规的队此时已处于全队犯规处罚状态(即:该队本节全队累计犯规次数已超过4次),则由被侵犯的队员执行2次罚球后重新开始比赛,从而代替掷球入界。但控制球队犯规、技术犯规、违反体育道德的犯规和取消比赛资格的犯规等除外。

3. 如果对正在做投篮动作的队员发生犯规,应按下列所述判给投篮队员若干罚球:

(1)如果投篮成功,应计得分并追加1次罚球。

(2)如果投篮不成功,则应根据投篮队员的投篮区域,判给相应的2次或3次罚球。

(二)双方犯规

两名互为对方的队员大约同时相互发生的侵人犯规是双方犯规。

罚则:登记每一犯规队员一次侵人犯规,不判给罚球。

(三)技术犯规

没有身体接触的犯规是技术犯规。队员和球队席人员均可能发生技术犯规。

1.主要行为

(1)无视裁判员的警告。

(2)无礼地触碰裁判员、技术代表、记录台人员或对方球队席人员。

(3)与裁判员、技术代表、记录台人员或对方队员交流中没有礼貌。

(4)使用很可能冒犯或煽动观众的粗话或手势。

(5)戏弄对方队员或在他的眼睛附近摇手妨碍其视觉。

(6)过分挥肘。

(7)在球穿过球篮之后，故意地触及球或阻碍迅速地掷球入界以延误比赛。

(8)跌倒以"伪造"一次犯规。

(9)悬吊在篮圈上，致使队员的重量由篮圈支撑。除非扣篮后，队员瞬间地抓住篮圈，或者根据裁判员的判断，如果他正试图防止自己受伤或另一名队员受伤。

(10)在最后一次或仅有一次的罚球中防守队员干涉得分。

2.罚则

(1)队员技术犯规：登记该队员一次技术犯规，并计入全队犯规次数中。

(2)球队席人员技术犯规：登记该队教练员一次技术犯规，但不计入全队犯规次数中。

(3)判给由对方教练员指定的队员一次罚球，以及随后在记录台对面的中线延长线掷球入界，或在中圈跳球开始第一节的比赛。

(4)当一名队员在同一场比赛中，被宣判了两次技术犯规时，他应被取消比赛资格。

（四）违反体育道德的犯规

根据裁判员的判断，一名队员不是在规则的精神和意图的范围内合法地试图去直接抢球而发生身体接触的犯规是违反体育道德的犯规。

1.主要行为

(1)在努力抢球中，一名队员造成过分的、严重的身体接触。

(2)防守队员试图中止一次快攻，从对方队员身后或侧面造成身体接触，并且在进攻队员和对方球篮之间没有防守队员。

(2)在第四节和每一决胜期的最后2分钟，当掷球入界的球在界外并且仍在裁判员手中，或掷球入界队员可处理时，防守队员对进攻队员造成身体接触。

2.罚则

(1)应给犯规队员登记一次违反体育道德的犯规。

(2)应判给被侵犯的队员相应的罚球,以及随后在记录台对面的中线延长线掷球入界,或在中圈跳球开始第一节的比赛。

(3)当一名队员在同一场比赛中,被宣判了两次违反体育道德的犯规时,他应被取消比赛资格。

(五)取消比赛资格的犯规

队员或球队席人员任何恶劣的违反体育道德的行为是取消比赛资格的犯规。

罚则

1.登记犯规队员一次取消比赛资格的犯规,并令其在比赛期间到该队的休息室或离开比赛场地。

2.判给对方相应的罚球次数以及随后在记录台对面的中线延长线掷球入界,或在中圈跳球开始第1节的比赛。

第三节　篮球裁判员的执裁技巧

一、两人制裁判员执裁技巧

(一)赛前责任

1.赛前20分钟

两位裁判员应在一起进入比赛场地与记录台人员见面,并检查比赛设备和监督队员的赛前练习。主裁判员还要负责批准比赛场地、比赛计时钟和所有技术设备,包括记录表。

主裁判员应挑选一个使用过并达到下述标准的比赛用球:当球从1.80米的高度(从球的底部量起)落到球场地面或木质地板上,反弹起来的高度在1.20—1.40米之间(从球有顶部量起)。一旦比赛用球确定后,他应在球上做出明显的标记,之后,任何一队都不得再用它进行练习。

在赛前和半时之间练习中,两位裁判员应站在记录台对面中线附近的位置,仔细观察双方球队的情况,如有任何不良行为,裁判员必须立即警告违犯队的教练员,如再犯,则应宣判违犯者一次技术犯规,见图6-1。

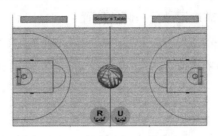

图6-1

2.赛前10分钟

主裁判员在检查记录员已经填写好的记录表后,要确保双方教练员确认本队队员的姓名、号码以及教练员的姓名,并督促他们在记录表上签字,然后标出本队首发的五名队员。

3.赛前6分钟

主裁判员应令所有队员停止赛前练习并回到他们各自的球队席区域。之后,首先介绍秩序册中队名列前的队(通常是主队,且球队席位于记录台左侧的队),然后介绍另外一队,见图6-2。

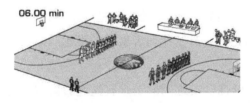

图6-2

4.赛前3分钟:

主裁判员应鸣哨并以手势表示:离比赛开始还有3分钟。之后,记录台介绍裁判员,见图6-3。

图6-3

5.赛前2分钟

两裁判员应移向靠近记录台一侧的位置。

6.赛前1分30秒:

主裁判员应令所有的队员停止赛前练习,并立即回到他们各自的球队席区域。

7.赛前30秒:

主裁判员在确认每一位裁判人员(包括记录台人员)都已做好了开始比赛的准备后,与副裁判员握手后,进入比赛场地。并以握手的方式,清楚地指明双方各自的场上队长。

至此,裁判员们的赛前工作即告结束。

(二) 每节开始时的管理

1.第一节开始时的管理

主裁判员在步入中圈执行抛球之前,应用"交流"的手势查看副裁判员,并通过他了解记录台人员是否都已做好了比赛开始的准备。他还需确认两名跳球队员的双脚是否都站在靠近本方球篮的半圈内,且一只脚必须靠近中线。在确保一切事情都就绪后,主裁判员才应进入中圈,并面向记录台执行抛球,从而开始第一节的比赛。为避免伤害事故的发生,建议他此时不要将哨子含在嘴里。

应将球在两名跳球队员之间向上垂直抛起,球的最高点要超过任一跳球队员跳起时手臂所能达到的高度,见图6-4。

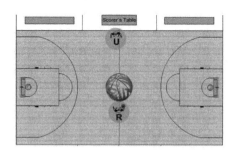

图6-4 跳球时裁判员的基本站位

副裁判员应在靠近记录台一侧边线的中点处占位,负责观察跳球队员的的拍球以及其余八名非跳球队员的行为。一旦球被第一次合法拍击时,他应立即做出"时间开始"的手势并移向比赛的前方,占据前导裁判员的位置,见图

6-5、图6-6。

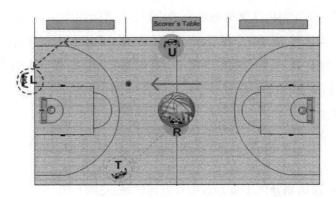

图6-5　当球被拍向主裁判员左侧时的移动路线

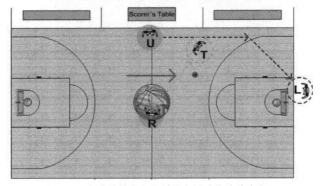

图6-6　当球被拍向主裁判员右侧时的移动路线

2.非第一节开始时的管理

主裁判员应在记录台对面的中线延长线及掷球入界队员的后场一侧占位,并用"交流"的手势查看副裁判员,并通过他了解记录台人员是否都已做好了比赛开始的准备。还需确认掷球入界队员是否是骑跨中线占位。在确保一切事情都就绪后,才能将球递交给掷球入界队员开始比赛。

副裁判员应在主裁判员的对面的掷球入界队前场的罚球线延长线的边线处占位,以监控场上所有队员。

每当球队控制球出现改变和出现一个新的比赛方向时,两裁判员必须调整位置,即追踪裁判变成新的前导裁判,前导裁判变成新的追踪裁判。

(三)裁判员前场区域分工与配合

为了达到综观、控制比赛的目的,两位裁判员的主要工作和任务是:要不停地移动,从而尽可能好地寻找到最佳的观察位置和角度,并把所有的队员都置于他们的视野之内,以便能观察到攻、守队员之间的空间。此时,他们就必须确定这种身体接触或举止是否影响了比赛的正常进行。如果此身体接触或举止并未影响比赛的正常进行,那么,他可将此身体接触或举止当作意外情况不于宣判;如果此身体接触或举止影响了比赛的正常进行,那么,他就必须宣判相应的犯规。

现代执裁要求两位裁判员在临场工作中既明确分工,又真诚合作。当一名裁判员负责有球区域时,另一位裁判员则负责无球区域。为了便于理解与应用,我们把前场划分成①至⑥号的长方形区域,见图6-7。

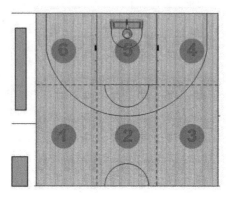

图6-7

1.追踪裁判员的占位和责任

当球在①②③时,追踪裁判应位于球的左后方3—5米处,向前不要超过罚球线的延长线。主要负责观察球周围的比赛。

当球在④区时,他的主要任务是观察无球区,特别是掩护的情况,他对球周围的比赛不负主要责任。

当球在⑤区时,由于是共管区,所以,两位裁判员都要观察球周围的比赛,特别是投篮的情况。追踪裁判重点负责观察球的飞行、球是否中篮以及攻、守队员的干涉得分和对球干扰的行为。

当球在⑥区的2分投篮区时,这也是共管区,因此两位裁判员还是都要观察球周围的比赛,但当球靠近罚球线延长线时,追踪裁判应重点负责球周围的比赛。

当球在⑥区的3分投篮区,追踪裁判应负责球周围的比赛,特别是在投篮之时。

他还要负责中线和他左侧的边线。

在由追踪变前导裁判的转换中，追踪裁判切记不要将视线离开比赛，他要在所有的时间里都把目光集中在队员和比赛上。

当球在浅阴影区内时，追踪裁判主要负责有球区域。深阴影区是两裁判员共同负责的区域，见图6-8。

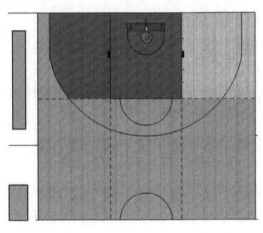

图6-8

2.前导裁判员的占位和责任

当球在①②③区时，他的主要负责观察无球区的比赛。特别要注意掩护的情况。

当球在④区时，他负责观察球周围以及有球一侧低策应区的比赛。

当球在⑤区时，虽然他和追踪裁判的主要责任都是在有球区，但他的次要责任是注视有球一侧的低策应区内的队员们。

当球在⑥区的2分投篮区时，两位裁判员还是都要观察球周围的比赛，但当球靠近端线时，前导裁判应重点负责球周围的比赛。

当球在⑥区的3分投篮区时，前导裁判虽不负责有球区域，但他要注视低策应区以及无球区内的所有队员们，特别是掩护的情况。

前导裁判员在到达端线后，他应在其左侧的3分线和不超过其右侧的限制区远边之间正常地移动。就界线而言，他负责就近的端线和他左侧的边线。

当球在浅阴影区内时，前导裁判负责有球区域。深阴影区是两裁判员共同负责的区域，见图6-9。

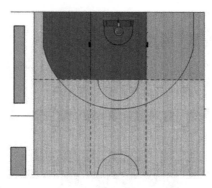

图6-9

3.忠告

(1)裁判员应熟悉自己的责任区,除共管区之外,两位裁判员应尽量避免一起注视球和球周围的比赛的现象。

(2)当一名裁判员主要负责无球区时,他要观察远离球的比赛,要始终依据"监控"原则把所有队员都置于两裁判员的视野之间。

(3)在对违犯的宣判中,既没有主、副裁判之分,也没有级别高、低之分,更没有老、少之分。因此,每位裁判员都有独立宣判违犯的权力。当两位裁判员对同一起违犯几乎同时鸣哨时,他们之间要立即建立目光联系。在通常情况下,应由最靠近违犯地点的裁判员进行宣判,如果此时很难区分出离哪位裁判员最近,那么,就要看比赛朝哪位裁判员进行,就由哪位裁判员对此违犯进行宣判。

(4)如果一名裁判鸣哨宣判犯规,此时,没有鸣哨的另一名裁判应站在原来的位置,有时甚至还要向后退上几步,以便将场上所有队员都置于自己的视野之中,从而达到"监控"的目的。因为当宣判裁判向记录台报告犯规时,他是唯一一位能监控场上情况的裁判员。

(5)在所有时间内,裁判员们一定不要背对比赛,要尽力做到不仅知道球在哪里、所有队员在哪里,而且也要知道他的同伴在哪里。但知道球在哪里,并不意味着他一定要注视着球。

(6)仅在队员或教练员及球队席人员的动作或行为已影响了比赛时,裁判员才鸣哨宣判犯规,附带的身体接触或无意的行为应被忽略。

(7)通常情况下,当裁判员宣判了争球或犯规后,两裁判员就应交换他们在场上的位置,宣判裁判员原则上应该成为新的追踪裁判员。

(四)几种比赛情况下两裁判员的分工与配合

1. 2分投篮时

追踪裁判员主要负责球的飞行。如果球进入球篮,他必须向记录台做出手势来确定得分。前导裁判员应集中精神观察无球区域的情况。但是,当遇到犯规时,总是由宣判犯规的(前导或追踪)裁判员决定中篮是否有效,见图6-10、图6-11。

图6-10　　　　　　　　　　　　　　　图6-11

2. 3分投篮时

通常情况下,追踪裁判员应做出所有的"3分试投"手势,他要特别注意投篮队员在起跳或球离手时的脚与地面的接触点,以确定该队员投篮时的位置。假如是3分试投,他应立即做出"3分试投"手势,如果3分投篮命中,他还要立即做出"3分投篮成功"的手势,而且,这个手势一直要保持到他认为记录员已有充分的时间确认该手势时为止,见图6-12、图6-13。

图6-12

图6-13

然而,不是所有的3分试投都能被追踪裁判员看得清楚的,特别是当3

分试投发生在远离他的④区时,所以,在这种情况下,前导裁判员必须先做出"3分试投"手势,直到这一手势被追踪裁判员重复时才放下此手势。如果此时3分投篮命中,则只需追踪裁判员做出"3分投篮成功"的手势,见图6-14、图6-15。

图6-14

图6-15

当出现靠近3分线的2分区投篮时,追踪(或前导)裁判员应立即用两指向下,指给记录员,以尽早表示此是在2分区的投篮,以便减少或避免来自观众、教练员和队员的争议,见图6-16。

图6-16

当出现快攻反击,且追踪裁判员又未跟上比赛进程时,对在场上任何区域的3分试投,前导裁判员都可以给追踪裁判员以协助。

3.罚球时

(1)追踪裁判员的占位与责任

追踪裁判员应在前导裁判员将球递交给罚球队员后移至罚球队员左侧的罚球线延长线与3分线的交点处,随后做出相应罚球次数的手势。他负责:①计算时间,判定罚球队员是否5秒钟违例;②观察罚球队员是否踩线、假装罚球等行为;③观察在他对面位置区占位的队员们的行为;④观察球的飞行和球在篮圈上的情况;⑤如果罚球中篮,确认是否有效,并做出相应的手势。

(2)前导裁判员的占位与责任

前导裁判应位于端线外,两腿骑跨靠近④区罚球区线的延长线,负责所有罚球的递交球,并做出相应的罚球次数的手势。他还要负责:①观察在他对面位置区占位的队员们的行为;②在还有后续的罚球时,负责捡球,并将球反弹传给罚球队员,见图6-17。

图6-17

4.全场紧逼防守时

当有三名或更多的防守队员在对方的后场进行防守时,前导裁判不要急于移至端线,他应协助同伴观察场上情况,直到球越过中线,见图6-18。

追踪裁判则应根据场上情况尽量靠近比赛,仔细观察可能发生的任何违犯。

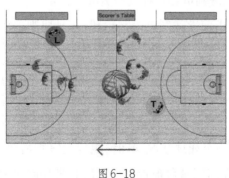

图6-18

5.快攻时

此时,原追踪裁判员应立即撤到边线附近,并面向场内做侧身跑,他应始终保持在攻势的前方观察比赛,成为新的前导裁判员。如果他落在了球的后面,他可以在不妨碍队员行动的前提下,适当地深入场内,去追抢一个好的观察角度,变被动为主动。此时,原前导裁判员也应快速跟进,成为新的追踪裁判员,他要特别注意球回后场以及持球移动等违例情况的发生。

二、三人制裁判员执裁技巧

(一)重要术语

1.球侧:在两个球篮间用一条假想的线将球场划分为两部分,球所在的场地一侧为球侧。

2.裁判员(前导裁判员简称L;中央裁判员简称C;追踪裁判员简称T)

(1)前导裁判员(简称L):是位于端线的裁判员。

(2)中央裁判员(简称C):是位于前导裁判员所在前场的对侧的裁判员(通常在球侧对面),大约在罚球线延长线朝向球篮方向两步的地方。依据球的位置,中央裁判可在前场的任一侧。

(3)追踪裁判员(简称T):是大约位于靠近中线的球队席区域边界的裁判员,并与前导裁判员在同一侧(球侧)。

前导裁判员和追踪裁判员是在场地的同一侧,而中央裁判员是在对面一侧。

3.对侧:指远离记录台的场地一侧。

4.轮转:这涉及一个活球状况,其时,球的移动或落位促使前导裁判员根据球在前场的位置(记录台一侧或对侧)发动一次位置改变或"轮转"。前导裁判员改变位置引起中央裁判员和追踪裁判员改变位置。

在正常比赛中,由前导裁判员控制轮转,并且原则上当球转移到球侧或者当球从罚球线外向球篮方向切入时,开始轮转。

然而,如果前导裁判或者中央裁判想要观察一个在罚球线上的正在发展的比赛或者紧逼情况时,他们可以移动并发动一次轮转。

5.强侧:前导裁判员落位的场地一侧。

6.转换:这涉及一个死球状况,其时,犯规的宣判需要裁判员们改变位置。宣判犯规的裁判员在向记录台报告犯规之后总是移向对侧。每当有掷球入界情况,两名裁判员总是在球侧。

7.弱侧:前导裁判员没有落位的前场一侧。

(二)**基本要求**

1.在任何情况下,三位裁判员之间必须保持宽广的三角形,并面向场内监控所有队员。

2.正常攻守转换时,三位裁判员的换位原则是,追踪→前导、中央→中央、前导→追踪。

3.宣判犯规的裁判员向记录台报告犯规后,他必须移动到记录台对面的位置上。因此,前导裁判员和靠近记录台的裁判员如未宣判犯规则不换位,如宣判了犯规,则要和记录台对侧的那位裁判员换位;而记录台对侧的裁判员如宣判了犯规也不换位,但他如未宣判犯规,则要和宣判犯规的裁判员换位。

4.前导裁判员必须面向记录台执行罚球。

5.宣判了犯规的裁判员,他只要跑出人群,就可以向记录台报告。而将要换位的那位裁判员,则要逐步移向新的位置并负责捡球。而另一位裁判员,则应选择一合适位置,监控所有队员,直到向记录台报告的裁判员转身观察队员为止。

6.裁判员们要始终知道:①球的位置;②队员们的位置;③其他裁判员的位置。

7.每位裁判员负责各自就近的界线,且追踪裁判员还要负责中线。

8.凡未在《篮球裁判员手册(三人执裁)》中提及的内容,均按《篮球裁判员手册(2人执裁)》中的规定执行。

(三)**比赛开始时的占位与移动**

1.赛前和中场休息准备活动时的占位(图6-19)

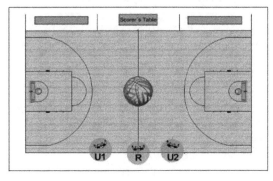

图6-19

2.跳球开始比赛时的占位（图6-20）

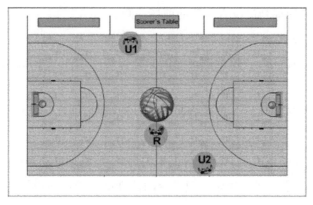

图6-20

3.跳球开始比赛——球向主裁判员右方推进时的移动（图6-21）

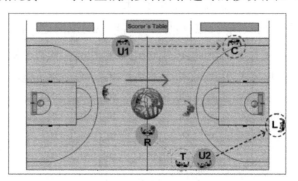

图6-21

4.跳球开始比赛——球向主裁判员左方推进时的移动（图6-22）

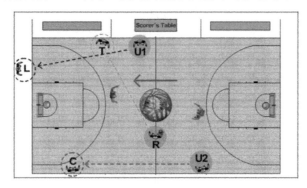

图6-22

（四）基本的场地覆盖范围和责任

1. 基本的场地覆盖范围（图6-23）

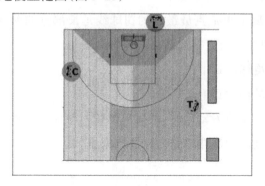

图6-23

2. 基本的责任

（1）当球在某裁判员的区域内,他负责球周围的比赛。

（2）当球在另一裁判员的区域内,他应负责本区域内的无球队员。

（五）球在前场时的基本分工区域（记录台一侧或对侧）（图6-24、图6-25）

1. 每一裁判员负责一个基本分工区域。

2. 当球在某裁判员的基本分工区域内,该裁判员对球周围附近的违犯负责。

3. 当球不在某裁判员的基本分工区域内,该裁判员负责本区域内的所有队员。

4. 前导裁判员和追踪裁判员共同负责共管的区域。（DUAL）即最深黑色的三角区域。

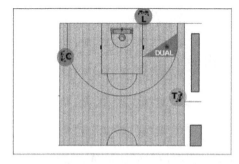
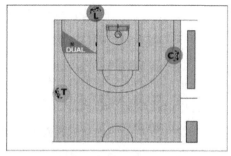

图6-24 球在记录台一侧　　　　　图6-25 球在记录台对侧

（六）当球从记录台一侧传或运到对侧，或者从对侧传或运到记录台一侧时的基本移动（图6-26、图6-27）

1.当球传到离中央裁判员最近的罚球线延长部分的前方时，前导裁判员移动到球侧（快速投篮或直接运球上篮时的除外）。

2.追踪裁判员移动到中央位置。

3.中央裁判员移动到追踪位置。

4.前导裁判员负责发动轮转，并且对继续对策应位置的队员负有责任，甚至在移动越过限制区的延伸部分时也是如此。

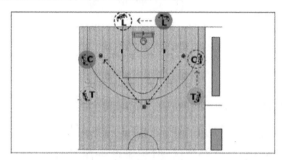

图6-26 球从记录台一侧运动到记录台对侧

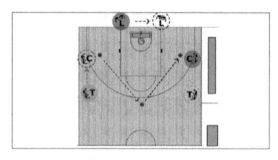

图6-27 球从记录台对侧运动到记录台一侧

（七）当球从后场到前场时的变换区域（图6-28、图6-29）

1.追踪裁判员移动到前导位置。

2.中央裁判员移动到新的中央位置。

3.前导裁判员成为新的追踪裁判员。

4.前导裁判员继续支配轮转，并且继续对策应位置的队员负有责任，甚至在移动越过限制区的延伸部分时也是如此。

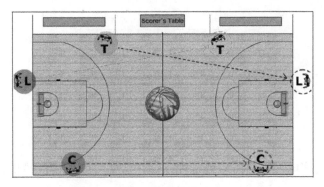

图6-28 转换移动

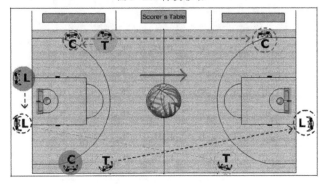

图6-29 轮转后的转换移动

(八)掷球入界时的占位与移动

1.从端线掷球入界球向前场行进时(记录台一侧或对侧)(图6-30、图6-31)

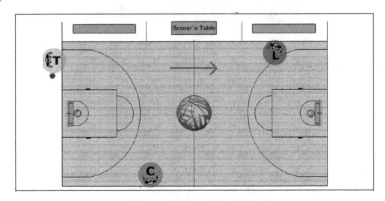

图6-30 球在记录台一侧

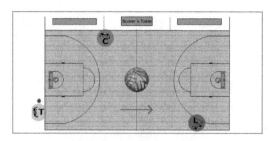

图6-31 球在记录台对侧

2.从边线掷球入界球向前场行进或留在前场时(记录台一侧或对侧)(图-32、图6-33)

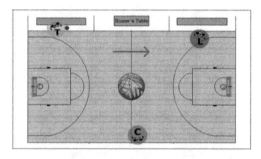

图6-32 球在记录台一侧

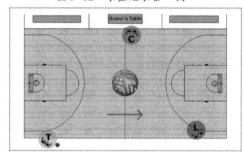

图6-33 球在记录台对侧

3.从端线掷球入界球留在前场时(记录台一侧或对侧)(图6-34、图6-35)

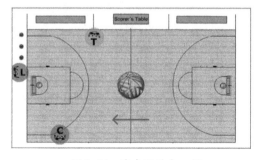

图6-34 球在记录台一侧

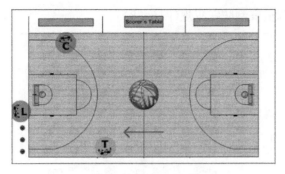

图6-35 球在记录台对侧

（九）宣判犯规后转换位置——球仍留在前场

1.中央裁判宣判防守犯规（图6-36）

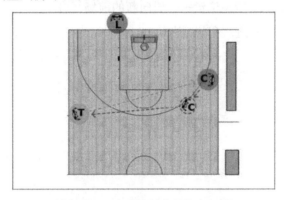

图6-36 中央裁判宣判防守犯规

2.前导裁判员宣判防守犯规（图6-37）

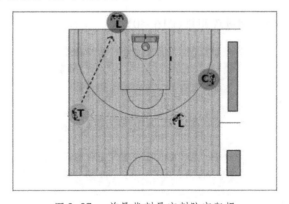

图6-37 前导裁判员宣判防守犯规

3. 追踪裁判员宣判防守犯规（图6-38）

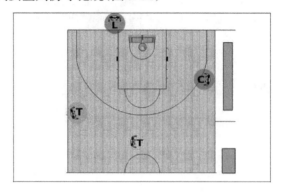

图6-38　追踪裁判员宣判防守犯规

（十）宣判犯规后转换位置——球向新的前场行进

1. 中央裁判宣判进攻犯规（图6-39）

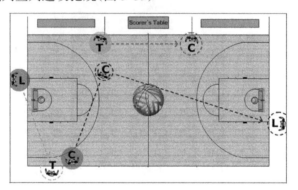

图6-39　中央裁判宣判进攻犯规

2. 前导裁判员宣判进攻犯规（图6-40）

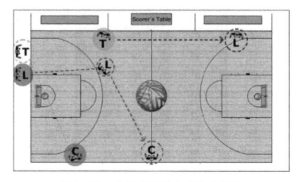

图6-40　前导裁判员宣判进攻犯规

3.追踪裁判员宣判进攻犯规(图6-41)

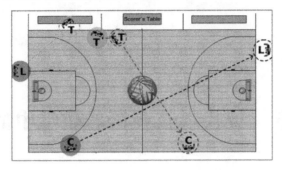

图6-41 追踪裁判员宣判进攻犯规

(十一)罚球时的占位(图6-42)

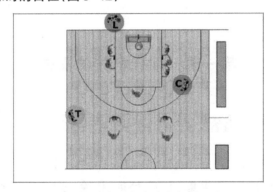

图6-42 罚球时的占位

(十二)3分投篮的覆盖范围(记录台一侧或对侧)(图6-43、图6-44)

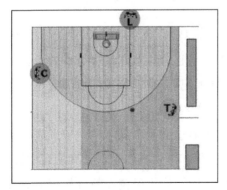 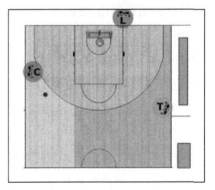

图6-43 球在记录台一侧   图6-44 球在记录台对侧

第七章　现代科技在篮球教学中的应用

第一节　现代科技的概述

一、现代科技的内容

现代科技是指以计算机和远距离通信工具为手段,对以文本、图像、视频等数据所承载的信息进行采集、加工、处理、传输、变换、存取直至应用的一系列核心技术主要包括计算机技术、现代信息技术、通信技术等,它可以扩展人类感觉器官的信息采集功能、神经传导信息功能、思维器官的信息处理功能和效应器官的信息利用功能。

20世纪80年代,以计算机技术、网络通信技术、数字化技术、现代科技和智能化技术为核心的现代科技得到飞速发展,它已经逐步渗透社会的各个领域,促进社会经济和文化的快速发展,进入21世纪后,现代科技的发展突飞猛进,世界经济社会发展的共同趋势就是进入信息化时代。

现代科技的发展和普及,不单单是促进社会和科学技术的空前发展,更对教育产生了、深刻的影响。现代科技、计算机和网络技术在教学和管理中被广泛应用,为教育现代化提供了前所未有的机遇,现代科技在整合教育资源、优化教学内容、更新教育方法、改善师生关系、转变教育功能等方面带来了巨大变化,有力地推动了教育自身的革命性变革。

二、现代科技的功能

(一)再现功能

现代科技不受时间、空间、微观和宏观的限制,使教育教学内容所涉及的一切事物、现象、过程,在课堂上再现,通过现代化的教学手段,让学生身临其境。

(二)扩充功能

一方面,现代科技可以高密度地传授知识,优化大量信息,极大地丰富了学生学习的资源;另一方面,教师可以根据自己的需求,及时获取互联网上的信息和知识,扩充知识量。

(三)集成功能

现代科技能将图像、声音、文字融合在一起,使学生获得多种感官体验,从而更好地获得知识。

(四)交互功能

现代科技可以实现人机之间进行双向沟通,大大提高了学习的效率。

(五)虚拟功能

现代科技模拟产生的虚拟现实世界,可以营造出身临其境的感觉,使学习不仅能感知而且能操作虚拟世界的各种对象。

第二节　现代科技在篮球教学中的应用

一、现代科技在篮球教学的运用

(一)创设情境,激发兴趣

爱因斯坦说:"兴趣是最好的老师,兴趣能激发学生的学习欲望。"课堂教学实践表明,学生对事物的兴趣程度越高,注意力越能高度集中,思维更活跃,求知欲也就越强烈,从而呈现出最佳学习状态。现代科技是集文字、图形、图像、声音、动画、影视等各种信息传输手段为一体,通过语言描述、图像演示、动画模拟、音乐渲染等有声有画的教学环境,可以为学生营造生动的教学氛围,极大地激发学生的学习兴趣和学习热情。

例如，在教学过程中，教师可以播放"跟我学打篮球"的教学光盘，使学生了解篮球的基本知识和基本技术，选择一些经典比赛让学生观看；在课件的制作过程中，可以导入一些优秀运动员在比赛场上的精彩动作图片；学生篮球比赛的情况可以被拍摄、编辑并导入课件中。通过屏幕播放，学生边看图片边听老师讲解，寻找差距等，提高学习兴趣。

（二）扩大课堂容量，提高课堂效率

利用多媒体技术，可以进行大量的知识转移，对信息进行优化处理，可以极大地提高课堂效率。图形不是一种语言，但是图形比语言更加直观，信息更丰富。动画比图形更生动，采用文字闪现、图像缩放移动、色彩变换等手段，不仅容量大、速度快，而且效果更好。

例如，在讲解篮球运动的起源时，通过图片展示、纪录片播放，让学生对篮球运动的发展具有全面的认识；讲解篮球局部进攻战术时，通过动画视频等手段，直观地展示几种局部进攻战术的演练过程。在篮球裁判教学中，教师为了能让学生更加清晰地明白犯规的判罚，可以将一些犯规的视频剪辑下来，或将学生在比赛中的犯规动作拍摄下来，在课堂上一边播放，一边讲解，这样学生边听边看，既节省了教师讲解、示范的时间，又加快了教学的节奏，从而提高教学效率。

（三）创设逼真情境，直观教学

现代科技教学具有直观性的特点，可以将文字、图像、声音以及形象逼真的动画、网络等综合在一起，能做到图文并茂、动静结合、视听并用，可以将一些难度较大或较复杂的动作通过播放慢动作和正常动作让学生看清楚、听清楚，有利于创设良好的情境，为教学提供逼真的表现效果，同时，语言表达能帮助学生建立动作表象，领悟动作的重难点，有利于学生领悟正确的动作概念。

例如，在讲解篮球技术分析时，通过多媒体技术教学将篮球技术动作结构、动作要领通过图片、视频等方式直观地展现给学，并结合优秀运动员有关篮球技术动作的录像和学生在学习过程中被拍摄的技术动作的录像，通过对比分析，有助于学生加快对技术动作的掌握；在讲解比赛规则和裁判法分析时，将裁判员在比赛领域的各种执法手势以图片的形式展示给学生，让学生对各种手势具有清晰的了解。然后，通过在比赛场地播放各种裁判判罚的视频片段，加深学生对手势运用的视听结合的理解。

(四)突出重点,突破教学难点

现代科技具有分层展示功能,运用音频、视频分层等技术对篮球技术进行展示,使学生学习重点、要点更加突出,掌握技术也就更快。

例如,把NBA、CBA、CUBA等比赛视频下载下来,进行技术处理,将技术和战术分类处理,分层展示,这样就更有针对性;也可以根据物理学原理,对技术动作进行直观形象的分析,如对运球、传球和投篮间的相互关系的分析,可集中对运球技术进行分析,也可对某一个动作的一个用力现象进行力学分析,了解动作结构,纠正学生不会用力或用力不正确的现象:如讲解投篮时,力度的大小、出手角度等用图表等形式在课件中体现出来,结合抛物线的知识,使学生看清楚动作细节,更加深刻地认识动作的要领和运动规律,更快地完成学习任务。此外,由于受年龄、教学条件等因素的影响,教师往往会回避那些难以示范(如扣篮、空接等)的动作,这样就影响了学生的全面发展。运用现代科技进行教学示范,既能弥补教师对难度动作示范的不足,又能保证学生学习知识的完整性和系统性。

二、现代科技在篮球教学中的作用

现代科技在整个篮球教学过程中发挥了重要的作用,主要表现在以下三个方面。

(一)扩大教学规模

采用现代科技进行教学,可以扩大教学信息的传递范围和增值率。过去,个别化的教学方法只能一个一个地增加知识和信息;传统的课堂教学方式,信息的扩散率可以提高到几十倍、几百倍;用现代科技,教学信息的扩散率可以扩大到几万个很多次,甚至几十万次。

利用现代科技,如广播电视、卫星电视、计算机网络等,向学校社会、家庭传输课程,凡是有电视或计算机终端的地方,都可成为学生们的课堂。一个教师可以同时给成千上万的学生上课,这样不仅节省了大量的师资,还扩大了教学规模。

(二)增进教学效率

人的学习和知识掌握是通过各种感官(眼、耳、鼻、舌、脑等)将外界信息传递到大脑中枢而形成的。这些感官的功能各不相同,其中眼睛最生动,耳朵次之。在学习过程中,眼、耳、脑功能越好,学习效率越高。现代科技它能综合运用视觉、听觉等多种分析手段,使学生获得更好的学习效果,提高教学效率。

(三)提高教学质量

采用现代科技进行教学,它能以多种形式将视听结合起来,激发学生的学习兴趣,让学生在轻松、快速的情况下,提高学习的主动性和积极性,从而提高教学质量。

三、现代科技篮球教学中应注意的问题

(一)现代科技教学不能代替教师上课

现代科技教学的优点毋庸置疑,但是它只能作为教学的一种辅助性手段。现代科技的教学目前无法取代教师在教学过程中讲解、释疑、解惑的功能,因此,在教学中完全依靠现代科技是不可取的。在教学过程中,教师要合理地利用现代科技手段,从而达到最佳的教学效果。

(二)加强师生之间的交流

首先,现代科技是物,而它面对的对象是人,不会进行情感交流,不能准确把握学生的理解水平,不了解学生的内心世界,也不能因材施教。所以,在使用现代科技教学的同时,教师应该加强与学生的沟通,及时了解学生的感受,以便能随时调整教学手段和方法。

(三)教学内容的选择要符合课程的教学目标

教学中所用资料、挂图、幻灯片、视频、软件、光盘等必须与教材、教学大纲紧密结合,精益求精。因此,教师应根据教材和教学大纲精心制作和选择多媒体教学内容。

现代科技教学对提高教学质量有着不可替代的作用,然而,我们也应该清楚地看到它的不足。立足于学生,从学生的实际情况出发扬长避短,合理利用,才能充分发挥现代科技强大的功能,真正有效地提高教学质量。

第三节　现代科技在篮球训练中的应用

运动训练过程有着众多的客观规律,只有遵循运动训练过程的规律并按照这些规律训练才称得上是科学训练。运用现代化的科学技术、仪器设备、场

地器材,是实施科学训练的工具与手段,也是训练科学化的重要标志。现代运动训练的发展需要现代高科技的支持,现代科技的发展不断加快训练的科学化进程,努力增强运动训练中的科技含量,必将大大提高运动训练的效果。

用科学仪器和科学方法进行数据的测定,用指标来检查动作的质量,训练的效果和控制身体运动负荷,使身体、心理、技战术等方面得到充分的协调发展,并通过对各项指标变化的监控,合理地控制训练过程,解决好运动负荷的合理安排问题、训练周期的划分问题、训练恢复问题等,这样才能真正达到科学化训练的程度,取得最佳的训练效果。

一、综合参数控制系统的应用

科学训练的重要依据之一,就是要不断地获取运动员训练的各种反信息,通过对这些信息的分析和研究来控制训练,使训练达到预期的效果,在篮球训练中经常收集运动员输出的信息,比如训练时间、实际练习时间、密度、移动距离、跳的次数、心率等,这些指标反映运动员在训练中承担的物理负荷、训练水平及训练强度。而运动训练的负荷强度是控制运动训练,制订科学训练计划的重要依据。要实现对篮球运动训练定量化的最优控制,建立一整套对训练过程的最佳方案,以使训练效果最佳化,则必须通过科学的测试和分析,用科学指标控制训练过程。篮球训练综合参数控制系统的独特之处正适合这一需,它为运动训练的科学诊断和技术分析提供了新方法、新手段。

运动训练的目的是要最大限度地发挥运动员的机体能力,从而提高运动水平。而运动员机能的提高,是其总体竞技能力提高的物质基础。如果负荷不当,则会导致整体机能的紊乱。因此运动训练各个阶段,都需要对运动员机能状况进行全面的诊断。以往主要依靠教练员经验和感觉来判断,其客观性、准确性大受影响,从而对运动训练产生不良效果。篮球训练综合参数控制系统应用电视监控、心率遥测、技术统计等多种参数对训练过程进行全面综合控制,可对运动员训练的状态和训练水平进行全面诊断。篮球训练综合参数控制系统有以下两方面特点。

(一)反馈信息的综合性

篮球训练综合参数控制系统可提供图像信息、心率指标、技战术数据等多方面反馈信息,对训练全过程进行全面的监控。较单纯依据某一指标(如心率)

控制训练更为客观、全面。图像信息通过微格系统(电子监控系统)获取。它由主控机房及安装在训练馆内的云台(电子摄像机)组成,可对训练全过程进行同步跟踪录像,取得详细的图像资料供诊断和分析所用。心率指标通过心率遥测系统获取它由控制计算机及遥测仪组成,可跟踪遥测运动员的实时心率指标。技战术指标通过掌上电脑统计获得。教练员通过对多种参数指标的综合分析,就能对运动员的状况及训练水平作出客观、准确的评价,制定针对性的训练措施,提高训练的效果。

(二)反馈信息的动态和实效

篮球训练综合参数控制系统所提供的图像信息、心率指标、技战术数据等多方面反馈信息具有动态性和实时性。即可同时获取某一运动员的图像信息、心率指标、技战术数据等数据,并可对其进行动态跟踪,获取的数据指标具有实时性并可叠加。也就是说,在图像上还附加心率指标及技战术数据,这一特点使教练员能对运动员进行全面、综合的分析,分析结果更为客观、准确。通过诊断和分析,教练员就能及时调整训练方案和训练的负荷强度及负荷量,从而使训练过程更具科学性。

二、非线性编辑技术的应用

由于图像和视频数据在篮球技战术的分析实践中所占的比例是其他数据载体无法比拟的,而大量的篮球技战术图像和视频数据又由于其原始性,很难被教练员和运动员直接使用,因此运用非线性编辑技术对其进行图像与视频格式的统一化、图像的切割与合成、视频数据的物理分割、视频数据的特效处理等预处理;最后将非线性编辑技术初步应用于篮球技战术的图像和视频分析之中,包括对图像素材的寻找与导入、不同图像源的有机合成与合成图像的生成等过程、篮球技战术视频格式的标准化处理、物理切割,以及添加视频素材、添加中文标题(字幕)、标题的特效处理等。

第四节　现代科技在篮球竞赛中的应用

现代科技在篮球竞赛中的应用主要体现在计算机技术以及通信技术方面。计算机技术在篮球竞赛中的应用,能大大提高竞赛的科技含量及管理的科学化水平。

一、现代科技在篮球竞赛技术统计中的应用

篮球比赛临场技术统计的数据是科学训练最直接的信息。它不仅是教练员、运动员临场和赛后分析、总结技战术的需要,更重要的是,它可以为体育科研人员提供客观、准确和可靠的第一手数据资料,还可为训练计划的制订提供客观依据,使训练更具针对性,更加科学化。因此,临场技术统计数据是主管部门要求在比赛中必须收集的资料。

随着现代科技的发展,篮球比赛临场技术统分方式开始确立,经历了一个由初级向高级的发展过程:手工统计—台式计算机统计—掌上电脑条码式统计。总的来看,统分方式的科技含量越来越高,方法越来越先进,数据的统计更加快速、准确,工作量和工作强度则不断降低,所需工作人员由八名减少为两名。

二、现代科技在竞赛管理中的作用

篮球竞赛体制的改革,即主客场赛制的实行,促使现代科技在篮球竞赛管理中得到广泛的应用并具有广阔的前景,主要体现在计算机技术及通信技术方面。

随着篮球运动的不断发展,比赛的技术统计工作越来越重要。作为主管国家篮球训练和竞赛的CBA公司,应及时掌握各队在各级比赛中的技术统计数据,尤其是甲级联赛各队的技术统计数据,则通过对这些数据资料的分析,就能找出比赛和训练中存在的问题。如1997年全国男篮甲级赛就有12个赛场,分设在全国12个城市,这给技术统计工作的汇总带来了很大的困难。而且随着篮球运动的市场化、商业化,要求及时向新闻界提供准确、快捷的各队及个人的技术统计数据资料。所以,国家体育总局篮球运动管理中心竞赛部必须在比赛结束后一天,立即汇总各赛场的技术统计数据。要实现这一目标,必须依靠先进的计算机技术及通信技术的支持。如果没有现代科技的发展,这一问题是无法得到解决的。技术统计微机管理总控系统正是应这一目的而设计的,它为主管部门及时、准确、全面地掌握全国比赛各队的技术统计数据提供了方便、迅速的工具,各赛场的临场技术统计数据通过通信设备传输到竞赛处,最后统一由总控系统作汇总处理,该系统功能有以下几个特点:

(一)功能齐全

该系统具有数据录入、数据查询、表格打印、数据备份等多种功能模块,能有效地完成技术统计数据的汇总处理。同时,还根据篮球比赛技术统计的具体实际及有关部门的特殊需要,设计了较为完善的录入、查询、打印子系统,使主管部门能根据各种需要,快速查询、打印出所需的数据资料。

(二)操作简单

该系统采用全中文菜单式,所有操作只需根据屏幕提示选择不同的功能菜单,便可自动完成诸如数据整理、备份、查询、打印等工作。

(三)应用广泛

该系统不仅可用于对全国比赛的技术统计进行汇总处理,而且也能为各级比赛以及各运动队进行技术统计汇总处理。

第五节 现代科技在篮球器材中的应用

随着篮球运动的不断发展,越来越多的人爱上篮球这项运动。随着科技的不断发展,篮球器材也层出不穷。

一、Wilson智能篮球

Wilson推出了一款名为WilsonxConnected的智能篮球。在篮球的内部安装了几个传感器,并配有相应的手机软件,运动员可以通过手机软件来了解自己的打球时长、进球数以及比赛得分等相关信息,从而对运动员的投球水平作出评价。

二、24秒钟装置

如今的24秒钟系统包括脉冲发生器、计数器、译码显示电路、辅助时序控制电路(简称控制电路)和报警电路五个部分。能够实现0-99分和0-59秒任意调整,具有启动、暂停、复位的功能,在24秒违例时发出声、光报警,终场结束自动声响。

(一)关联规则在篮球技战术统计分析中的应用

数据挖掘是在海量的数据中寻找有价值的信息的一种工具,因此它备受人们的重视,就本研究所掌握的文献资料而言,目前数据挖掘技术的发展呈现出不平衡的特点,即关联规则挖掘技术在使用率上和算法的成熟度上远远高于其他挖掘技术。

关联分析(Association Analysis),也被称为亲和力分析,是指揭示数据之间没有直接表示的相互关系的一种数据挖掘方法,它是由美国学者R.A.Grawal首先提出,其算法属于无监督学习。关联分析是基于一个假设,即当两个或多个数据项的取值之间重复出现且概率很高时,它们就存在某种关联,可以建立起这些数据项的关联规则,换句话说相关分析通过求变量间的相关系数来确定变量间的相关程度,从给定的数据机中发现频繁出现的项集模式知识,关联规则被广泛用于事务数据分析。如买面包的顾客有90%的人还买牛奶,这是一条关联规则,若商店中将面包和牛奶放在一起销售,将会提高它们的销量。

在篮球技、战术分析中同样存在大量的关联关系,如对手的得分、篮板、失误与该队以及本队的获胜概率之间的关联关系,对手核心队员的表现与该队以及本队的获胜概率之间的关联关系,本队的得分、篮板、失误与本队的获胜概率之间的关联关系,本队核心队员的表现与本队的获胜概率之间的关联关系,非核心队员的表现与球队的获胜概率之间的相关关系,球队核心战术的运用次数和成功率与球队的获胜概率的相关关系等。

(二)可视化技术在篮球技战术统计分析中的应用

可视化技术(Visualization)是从大量数据中发现的有效途径,是关于图形图像与数据互换的一门新兴的信息技术,它既可以从图像中解析出数据,又可以从数据中产生图像,需要依赖计算机图形学、图像处理学、计算机视觉学等学科的支撑,在挖掘中所遇到的数据大多是一些海量数据,要将其可视化必须得到数据可视化工具的支持,如Photoshop(图像处理软件)、Flash(二维动画软件)、Spss(统计分析软件)、Excel(电子表格软件)等计算机软件,可视化技术主要包括数据、模型和过程的可视化,其中数据可视化主要包括直方图、折线图、饼图和散点图:模型可视化的具体方法与数据挖掘中使用的算法关,如决策树算法用树形来表示:过程可视化,利用数据流图来描述知识发现的过程。

在篮球技战术分析的实践中,教练员和运动员不仅常常会遇到大量的抽象的通用技战术统计数据,如2分或者3分投篮次数、得分及其命中率、罚球次数及其命中率、篮板球数、抢断数、犯规数、助攻数和上场时间等,而且还需要分析更深层次的技战术数据,如竞技效率值、单位时间(每分钟或至每节)球队进攻和防守质量值、阵容战术搭配等等。

三、篮球投篮训练器材

篮球投球动作差别也很大,特别是业余的篮球运动爱好者,投篮动作千奇百怪,错误动作层出不穷,包括有些篮球后备人才,他们最常见的就是发力方向和把握球的重心不稳定,投出的球不是左偏就是右偏,导致投篮命中率低。投篮辅助训练器材可以改善投篮动作,正确的投篮姿势是提高投篮命中率的关键。如投篮ARM机、投篮定型圈、投篮回球机、手指定型指印篮球等。目前国内职业篮球俱乐部及国家集训队使用较多的是投篮回球机(图7-1)和特殊功能训练篮球(图7-2),教练可根据球员的不同位置选择适当的辅助器材进行训练。

图7-1

图7-2

四、传球训练器材

在比赛中,传球是第一选择,既快捷又有杀伤力。既要让队友接起来舒服便于衔接下一个动作,又不能被对方抢断。传球技术的好坏,对整场比赛结果将产生直接影响。

目前运用较多的传球训练器材有两种,即移动式篮球传接球反弹装置和传球轮式反弹网。移动式篮球传接球反弹装置(spalding bounce foldingpass)(图7-3)是一种传球准确性的装置,通过显示灯的亮度变化可清晰了解和记录命中指定点的次数及撞击力量的强弱,其包括反弹板、显示器、控制器、压力传感器、量角器、轴套、顶丝和滑轮。把显示器放置在端线外,篮球事先放在跑步路线的每个点上。当球员到达该点后,球被传出去并击中篮板的指定点。如果绿灯亮着,那就意味着他没有击球。它的使用不但可以提供不间断传球训练,还可有效提高运动员的传接球能力,是值得推广和应用的传球训练辅助器材。但其价格较高,目前业余篮球队中使用较少,查中了解到广东东莞篮球队在训练中采用了这种器材。

一些设施配备比较齐全的运动队也有使用传球轮式反弹网(Passingwheelreboundnet)(图7-4)。通过从各个角度位置网架向上或向下返回,而且位置可调节,能够更好地控制练习的强度。

图7-3

图7-4

五、防低头训练眼镜

运动员的控制球的能力以及在场上的观察能力是十分重要的。近年来,防低头训练眼镜在篮球技术训练中受到了越来越多教练员的重视。业余球队和职业球队中都有教练在训练中安排运动员佩戴眼罩进行训练。防低头训练眼镜以提高运动员的控制球能力及观察力,使篮球训练更科学化、专业化。

防低头训练眼镜(图7-5)为篮球运动员专门设计,由PU、聚丙酸醋等具有良好的韧性为材料制成,由弹力带连接。知名品牌有BASTO、尚尔等。1982年BASTO(邦士度)品牌产地中国

图7-5

台湾,中国大陆,韩国很快风靡亚洲。防低头眼镜可在任何情况下要求场上队员保持抬头姿势,观察对手和队友的情况,做出正确判断。这种眼镜对高水平的运动员,能纠正看似抬头,实际上眼光注视篮球的错误运球习惯。

第八章 篮球场地与器材

第一节 篮球场地的演变

一、场地尺寸

球场在初期时并没有明确界定篮球场的大小,篮球场的区域划分也没有界限。仅仅是在一个长方形的场地里进行一些篮球比赛或训练(见图8–1)。

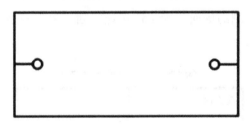

图8-1

后来,随着奈史密斯博士对运动场进行了简单地划分,近代第一个篮球场产生了,体育场大约有60.96英尺长,45.72英尺宽。20世纪30年代,篮球运动迅速扩展到各个国家。篮球场的面积也被确定为26米×14米,一直维持到1984年。

20世纪70年代时,篮球运动的快速发展已经进入了一个全面的飞跃时期。1984年,篮球规则对球场进行了重大修改。球场被扩建成一个长28米,宽15米的区域。同时规定,经全国篮联批准的比赛,现有的26米×14米场地仍可使用。

2008年,篮球场面积最终确定为28米×15米,场地扩大后,运动员有足够的空间发挥自己的技能和才华。

二、限制区

1893年在原有场地的基础上进行了划分,球场被划分出三个区域:100英尺×50英尺、90英尺×45英尺、70英尺×35英尺,开始出现九人三区制。参选手们也分为三个区域,各球员只能在自己的区域进行活动,不能进入其他队员的活动区域(见图8-2)。

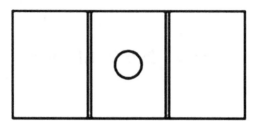

图8-2

1894年,体育场的中心增加了一个中间的圆圈。由于三级赛制限制了选手的活动范围,为了使比赛具有竞争性和挑战性,三级赛制改为二级赛制,于是出现了五人两区制的场面。为了使场地的划分更加明显,增加了分界线和中间圆(见图8-3)。

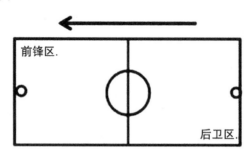

图8-3

1932年,"国际业余篮球联合会"成立,初步制定了国际标准比赛规则。场上增设中长线和进攻禁区,并划分前场和后场,基线禁区扩大到1.8米(如图8-4)。

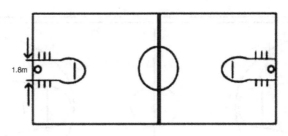

图 8-4

1936年,国际篮球规则制定和颁布后,篮球场上出现了跳球圈和无球圈。罚球线和终点线之间的距离从15英尺增加到17英尺。20世纪40年代以后,进攻禁区(后禁区)扩大为3.6米×5.8米的"门"形(如图8-5)。

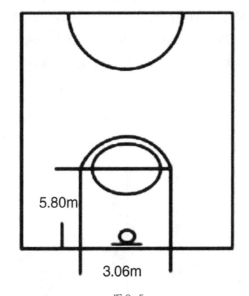

图 8-5

1948年,女篮规则进行了修订,并逐渐向男子篮球规则靠拢。禁区底部由1.80米扩大到3.60米,这一变化使女子技术动作变得"阳刚",跳投技术逐渐发展,中、远投技术受到广泛重视。随着高大身材球员的出现,它开始被用来限制高个子球员在篮下的巨大威力,促进他们掌握综合技术。1956年以后,禁区扩大为梯形,禁区扩大到顶部3.60米,高度5.80米,底线为6.00米,中线也被取消。1984年,增加了3分线,并增加了禁区两侧位置区之间的中立区(见图8-6),为了防止比赛因篮下密集活动而失去活力,比赛将更加注重技术性和观赏性。

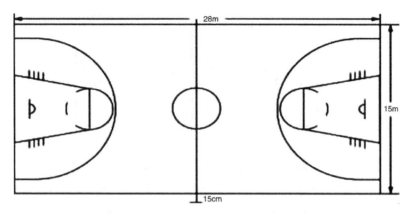

图 8-6

随着运动员身体素质的不断提高和技战术能力的不断进步,篮球场的不断改革是发展的必然趋势。从 2010 年开始,三分线外的半径将从现在的 6.25 米扩大到 6.75 米。限制区改为长 5.80 米,宽 4.90 米的矩形区域(见图 8-7)。从篮筐投影点中心画一个半径为 1.25 米、长度为 0.375 米的半圆(见图 8-8)。

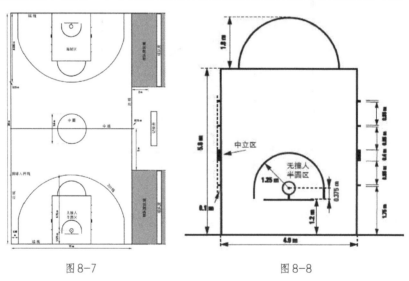

图 8-7　　　　　　　　　　　　　图 8-8

三、罚球区

1897 年,废除了两区制的划分,保留了中间圈,增加了罚球区。1905 年,世界上出现了第一个皮革篮球,钉在墙上的球篮也被移到了球台上。随着比赛规则的不断完善,比赛越来越激烈。因此,防守队员经常违反规则。1910 年,在离终点线 3.048 米的地方又增加了一条平行的罚球线(见图 8-9)。

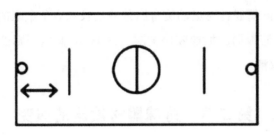

图 8-9

　　由于队员们经常在篮下激战,比赛往往陷入篮下混战而陷入僵局。为了改变僵持的局面,对规则进行了修改,增加了罚球区和3秒禁区(见图8-10),此时的3秒区是5.08米×1.80米,不久,底线限制区扩大到1.6米,这些场地的变化过程对早期篮球运动的发展起到很大推动作用。

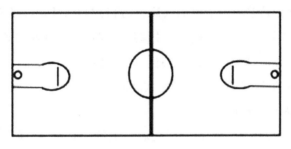

图 8-10

　　1956年以后,明确了中间圆同心,半径为1.80米,罚球区内的罚球线增加了一个半径为0.60米的小中间圆,罚球区的外半径为1.80米,在罚球区内画出半径为1.8米的虚线(见图8-11)。

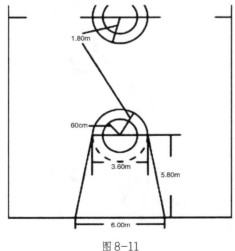

图 8-11

1994年,国际篮联针对运动员身高普遍增长和竞争激烈的特点,提出缩小篮板球周长,在篮板周围加橡胶保护圈。2003年,篮球规则被再次修改,罚球线前的虚线被取消。

第二节　篮球器材设施的演变

一、篮球架

在篮球运动初创时期,当时并没有篮球架这样器材,而是将两个竹篮子挂在体育场两端的栏杆上,距离地面约3米高,每次进球,我们都要爬梯子把球拿出来,然后逐渐把竹篮换成活底的铁筐;直到1893年,才形成了现代篮球板、篮筐和网。1905年钉在墙上的球篮也被移到了球台上。现代的篮球架包括篮板和篮板柱,安装在篮球场两端的中心位置,是篮球场的必备器材设施。目前常使用的篮球架有液压式、移动式、固定式和海燕式。

(一)电动液压篮球架

电动液压篮球架是安装在篮球架底座上的一套液压升降系统,可根据篮球架设定的标准高度完成升降。它是根据国际篮联标准开发的最新产品,其底座规格是2.2米×1.2米,臂展为3.25米,篮板采用高强度钢化玻璃加工而成,冲击力强、透明度高(图8-12)。

图8-12

(二)箱体移动式篮球架

移动篮球架底盒采用优质钢板制作,底盘加重,确保使用过程中的高稳定性,其中主杆与篮板、底座之间分别用两根圆形钢管架起三角形,从而保持篮板和整个篮球架的稳定性。

图 8-13

(三)单臂固定式篮球架

这种篮球架埋入混凝土地下,稳固性较好、简单,成本低。

图 8-14

(四)海燕式方管篮球架

这种钢架采用优质钢材,同时可以提供两个半场的教学、训练使用。

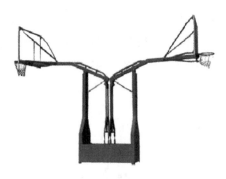

图 8-15

二、篮板

篮板原来的名字是"遮板",随着篮球运动发展,经过近半个世纪的演变和发展,篮板才有了现在的样子。起初,在篮球还叫"筐球"的时候,篮筐后面并没有篮板,1894年,它开始出现在球场上,把篮子固定在木板上,用木板代替铁丝网。虽然这种篮板形状、风格迥异,但有时能将投不进篮筐的球反弹,增加了趣味性,所以一出现就很受欢迎。

透明的玻璃篮板是1910年前后出现的,随着经济和科学技术的发展,篮板背板材料选用合适的透明材料,必须是整块,硬度应与0.03米厚硬木一致。水平宽度为1.80米,垂直高度为1.05米,底边距地面的距离为2.90米,背板正面应平整,并在背板边缘画一条宽度为0.05米的线。如果背板是透明的,则使用白线;如果背板不透明,则使用黑线另外,在抱箍后的背板上画一个宽度为0.59米,垂直高度为0.45米的矩形,矩形的上边缘应与圆顶部的水平面齐平(如图8-16)。

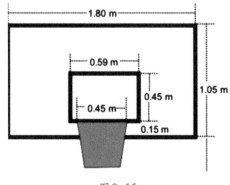

图 8-16

篮板安置要求：

1.固定在球场两端的篮球看台上，与地面垂直，与边线平行；

2.篮板前的中心应垂直落在球场上，中心点距终点线内缘中点1.20米；

3.篮板的支柱距端线外沿至少有2米。

篮板包扎物要求：

1.包扎物主要覆盖篮板的底部和边缘，以完全覆盖底部和侧面为标准，侧面的包扎距离篮板底部至少0.35米；

2.篮板底洞包扎物最小厚度为0.05米；

3.篮板前、后面距离底部最低0.02米处要覆盖，包扎物最小厚度为0.02米（如图8-17）。

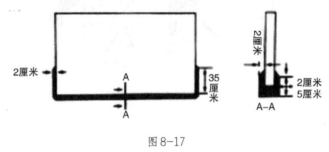

图8-17

三、篮筐

最开始篮架上只有一个桃筐，剩下的什么都没有，奈史密斯教授在和学生们一起玩耍时发现每次掷入篮筐的球只有极少数可以打到筐前沿再弹回来，其余的都飞到后面去。再后来，随着投篮准确度提高，比赛得分数用手已经数不过来了，而且，每次取篮筐里的球会导致比赛无法正常进行，于是，奈史密斯博士开始试着将筐底去掉，削弱筐身深度，最后只留下一个圈口，随之而来的问题是当投篮发生"空心球"，由于没有阻碍球会落到很远的地方，奈史密斯教授为了规避这个问题，在圈口底加入网兜作为缓冲，直至1913年，金属篮圈下挂无底线网的篮筐开始普遍采用，有了如今的篮网和篮筐。

现代篮圈用实心钢材制成，内缘直径最少为0.450米，最多为0.457米，并漆成橙色。金属篮圈直径最小为0.016米，最大为0.020米。篮圈的顶沿应保持水平，距离地面高度3.05米，篮板垂直两侧的距离相同。背板表面至包扎物内边缘的距离为0.15米。

篮圈和支撑系统的弹力、弹性应是吸收能量占总冲击能量的35%—50%，并且在同一比赛场地的两个篮球之间的差别应小于5%。

篮网应是白色绳，在篮筐的12个位置打结，系网附件不得有锐边或缺口。网的附件之间的间隙不应超过8毫米。当球穿过篮筐时，球应该停留很短时间。网的长度不应小于0.40米，也不应超过0.45米，网的上部应为半刚性，以防止网反弹和造成缠结。在同样的距离，背板表面至抱箍内边缘的距离为0.15米（图8-18）。

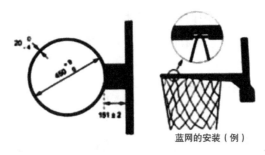

蓝网的安装（例）

图8-18

四、篮球

从最开始用足球作为比赛工具，向篮投掷，到如今的正式比赛用球，篮球颜色是经过批准的单一深橙色或FIBA批准的组合颜色，并带有8块按照常规成型的嵌件和黑色接缝，接缝宽度不超过0.635毫米。篮球的外壳可以是皮革、合成革、橡胶或复合材料。充气后，使球从1.80米的高度（从球的底部量起）呈自由落体式落到比赛地板上，其反弹高度在1.20米至1.40米之间（从球的顶部量起）。

男子篮球比赛，球周长不得小于0.749米，不得大于0.780米（7号），球的重量不得少于567克，不得多于650克。女子篮球比赛，球的圆周不得小于0.724米，不得大于0.737米（6号），球的重量不得少于510克，不得多于567克。比赛时，主队至少提供两个使用过并符合上述规则的球。

五、灯光

场馆照明必须为电视直播设计，同时尽量减小运动员和裁判员的眩光。所有球场照明应在比赛开始前至少90分钟打开，并符合赛前热身和比赛规定的要求。

1.比赛结束后至少30分钟应保持充分照明；

2.以带形布置于球场两侧最为适宜,并且放置在场地两端1米之外；

3.灯具安装不低于12米；

4.以篮筐为中心直径在4米以内的圆形区域上方不应设置灯具；

4.灯具瞄准角(从垂直向下测量)应小于60度；

5.篮球场两端前侧不得设置直接照明灯具。

六、比赛计时钟和计秒表

比赛计时钟主要用于计时每一场比赛的每一部分,以及每一部分的其余部分。时钟的位置应该放在每个人(包括观众)都能清楚地看到与比赛有关的时钟的位置。暂停期间,应使用合适的便携式可视设备(非匹配时钟)或秒表计时。

如果主比赛时钟放置在比赛场地中心上方,则应在比赛场地的两端放置一个分赛钟,以便参加比赛的每个人,包括观众都能清楚地看到比赛时间。比赛时钟需要显示整场比赛双方的得分和比赛剩余时间。

七、24秒钟装置

NBA成立的前九年没有进攻的时间限制,随着比赛越来越激烈,争议变得越来越。1951年的一场NBA比赛的最后,出现了19比18比分,国王队的老板丹尼建议将最后时间段的每一次攻击时间限制在24秒,在此之前,NBA没有24秒计时器,丹尼征得双方的同意以后就用自己的表计时,24秒一到进攻队必须交出控球权。出人意料的是,比赛非常顺利,两只球队不仅完成了比赛,还能用24秒的时间完成非常好的打出战术配合,理论上和实践上都没有问题。比赛结束一个月后,NBA联盟要求对24秒进攻时限进行电话投票,大家一致通过就这样,一直沿用至今。

24秒钟装置(图8-19)是提供给计时员用于管理24秒钟规则(进攻方从发球到己方队员手上开始计时,在24秒内需要完成篮球投篮或碰筐动作,完成以上动作之后,计时表重新归零并开始计时24秒,24秒内不能完成以上动作即视为24秒违例。

图 8-19

24秒钟需要由一个控制单元去操作,并且应具备以下功能的显示器:

1.从24秒/14秒开始;

2.比赛停止时显示器指示剩余秒数;

3.从停止的时间处重新启动。

该装置安装在每个篮板支撑构架上,在篮板上方及后面的0.30米至0.50米处,或安放在球场地面上,分别位于端线后面2米处(每个显示器有3个或4个显示面,或者该装置具有两个双面显示器,设备的放置方式应使与比赛有关的每个人(包括观众在内)都能清楚地看到。

八、信号

至少要有两种单独的声音信号,能发出截然不同的声响:一种声音是提供给计时员和记录员。对于计时员,这个信号在指示一节或每个决胜期比赛时间结束时自动地发出声响。在适当的时候计时员和记录员应当能够手动发出信号,引起裁判员的注意。另一种声音是为24秒钟计时员所用,当显示24秒周期时,它会自动发出声音。

两种信号的声音应当足够响亮,在最不利或者嘈杂的情况下也能听到。音量应是可以调整的,根据体育馆的大小和人群的喧闹声,量可调到120分贝的最大声压水平(距声源1米处测量)。

九、记录板

记录板应该对参与比赛的每个人都清晰可见,包括观众。记录板内容包括:比赛时间、比赛成绩、当前赛段数和停赛次数。

十、记录表

所有官方比赛均应使用国际篮联世界技术委员会批准的正式记录表,并由记录员在比赛前和比赛中按照规定填写。

十一、队员犯规标志牌

为记录员提供的五块运动员犯规标志牌应该是白色的,标志牌上的数字最小长0.20米,宽0.10米,数字从1到5,其中1到4数字为黑色,5为红色。

十二、全队犯规标志

为记录员提供的两个球队犯规标志应为红色,最小尺寸为高0.35米,宽0.20米,放置在记录台的两侧,以便参与比赛的每个人,包括观众都能清楚地看到。全队犯规标志还可以使用电子或电子的装置,只要符合上述要求即可。

十三、全队犯规指示器

全队犯规指示器是一种指示该队犯规5次的装置,表示该队已达到全队的处罚状态。

十四、拥有指示器

为记录员提供的拥有指示器(图8-20),明亮的红色箭头指明交替拥有的方向,箭头至少长0.10米,高0.10米,它被放在记录表上,以便参与游戏的每个人,包括观众,都能清楚地看到它。

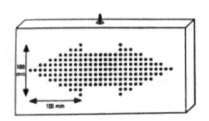

图8-20

第三节　篮球场地与器材的维护

一、篮球场地的维护

室外三合土篮球场应根据天气变化及时维护。天气干燥时要经常洒水，雨后地面出现高低不平时要及时补充沙土进行碾压修补，铲除杂草后要注意保持场地平整，最好每年整修一次。

室内木质地板篮球场要保持通风、通气、防潮、防腐、经常用干拖把清理地面，定期打蜡。禁止穿硬底鞋或带钉的鞋进入场地活动，禁止在地板上洒水。

现在篮球场多数都是用硅PU材料铺设的，众所周知，好的篮球场可以让运动员高水平发挥，避免不必要的受伤，使球赛进行得更加顺利，对于硅PU篮球场的维护事项主要有以下几点：

第一，禁止车辆在上面行驶。

第二，禁止运动员穿AG钉球鞋和长钉球鞋。

第三，定期对篮球场进行清理。

二、篮球器材的维护

（一）篮球架的维护

篮球架是现在流行的体育器材，但很多人也担心操作不当或年久失修造成的危害。事实上，篮球架也需要维修。篮球架的日常维护保养可以延长篮球架的使用寿命。篮球架的维护最基本的工作就是定期检查。每年检查两次连接件和焊接件的腐蚀程度和牢固度，检查框架本体是否有掉漆、生锈和穿孔现象。一旦油漆脱落，就应该及时修理。否则，篮球架的钢材会严重生锈腐蚀，最终出现穿孔现象。对生锈、穿孔的部位应进行修补和防腐处理，其中焊接部位最易腐烂。如果有松动或腐烂，应联系制造商进行维护和修理。合理使用也是篮球架维护工作的一部分，篮板是篮球架上最脆弱的部分，在使用过程中容易损坏。禁止用砖头等物体撞击篮板。篮圈的使用也是一样的，非弹簧篮球圈严禁扣篮，如发现篮圈倾斜或断裂时，篮球架应封闭，禁止使用。如需维修或更换，请联系制造商。篮球架长期使用会产生污垢等杂质，因此篮球架应该定期打扫。在清洗篮球架表面的过程中,应使用中性清洁剂,以免损坏篮球架表面。与室外篮球架相比,室内篮球架的主要维护工作是清洁,篮板在长期使用后容易变脏,因此需要采取相应的清洁措施。

(二)篮球的维护

注意篮球存放处的温湿度。不要将它放在高温的地方,也不要对篮球施加高压或重力,如闲暇时坐在篮球上,会导致篮球罐变形和爆裂,抽气时,应先用油或肥皂水湿润气针,然后轻轻插入,每次都要使用球针抽气,如果只使用空气喷嘴,会导致表皮与内壁分离。

(三)专用器材的维护

专用器材的维护包括各种计时器、记分牌、犯规标志牌等,在使用前和归还后,都要认真检查,有问题的要及时修理,确保设备的完整性。如果设备表面是皮革或人造皮革,应用布包裹,这样便于清洁,延长使用寿命。

附录:篮球比赛规则

1. 球队

陈述:一个球队的所有队员,他们所佩戴的所有手臂和腿部的弹力护套、头部饰物、护腕、束发带、绷带等,必须是相同的单一颜色。

2. 队员受伤

陈述:如果一名队员受伤了,或正在流血,或有开放的伤口,并且不能立即(大约在15秒钟内)继续比赛,或受到许可坐在他球队席上的任何人的援助,他必须被替换。如果在这同一停止比赛计时钟的时段任何一队被准予了暂停,并且在该暂停期间那名队员恢复了,或"援助"完成了,他可以继续比赛;只有在计时员发出暂停结束信号后,裁判员才会招呼一名替补队员替换该名受伤或得到援助的队员。

3. 主教练员和第一助理教练员:职责和权利

陈述:至少在被排定的比赛开始前40分钟时,每个队的主教练员或他的代表应将该队合格参赛的球员姓名和相应号码,以及包括该队队长、主教练员和第一助理教练员姓名的球队名单交给记录员。

4. 陈述:比赛的休息期间开始于

·预定的比赛开始前20分钟。

·结束这一节或这一决胜期的比赛计时钟信号响时。

·如果在一节或一个决胜期结束时使用即时重放系统(IRS)回看,则只在裁判员(经过回看并)宣告了最后的决定后

5. 每节、每决胜期或比赛的开始和结束

陈述:除非每队都有最少5名在场地上做好了比赛准备的队员,否则比赛不得开始。

6. 球的状态

陈述:当一名队员正在做投篮动作并以一个连续的动作来完成他的投篮时,一名防守队员在投篮队员已开始他的投篮连续动作后,被判了一起对投篮队的任一队员发生的犯规,球不成死球;如果球中篮,记得分。如果(此时)任一防守队员或任一被允许坐在该防守队球队席的人员被判了一起技术犯规,该陈述同样有效。

7. 跳球和交替拥有

陈述:在比赛开始的开场跳球后,赛场上未获得控制活球的球队,应被判给在下一次跳球情况发生的就近地点掷球入界,直接位于篮板后面的地点除外。

8. 如何打篮球

陈述:将球置于两腿间以假装传球或投篮是违例。推动或举起队友,让队友去打球是违例。

9. 队员在做投篮动作

陈述:根据裁判员的判断,某队员开始将球朝向对方球篮向上运动时,一个"投篮动作"开始。

10. 球中篮和它的得分值

陈述:投球中篮的得分值由投篮球离手时(所在)的比赛场地的位置所限定。从2分投篮区域投篮球离手,中篮得2分;从3分投篮区域投篮球离手,中篮得3分。得分记录在将球进入对方球篮的球队名下。

11. 掷球入界

陈述:在掷球入界队员将球离手前,掷球的动作可能使该队员持球的手越过分隔界内和界外区域的界线平面。在这种情况中,防守队员仍有责任去 避免接触掷球入界队员手中持着的球,防止干扰掷球入界。

12. 暂停/替换

陈述:一节或一个决胜期的比赛时间开始前,或一节或一个决胜期的比赛时间已结束后不能准予暂停。

在第一节比赛时间已开始前,或整场比赛的比赛时间已结束后不能准予替换。在每节之间和每决胜期之间的比赛休息期间可以准予任何替换。

13.队员出界和球出界

陈述: 如果球出界,是由于球触及了或是被位于界线上或界线外的队员触及,这是该队员使球出界。

14.运球

陈述: 如果队员有意将球掷向篮板,这不是一次运球。

15.带球走

陈述: 如果一名正躺在比赛场地上的队员获得了控制球,这是合法的。如果一名正持着球的队员跌倒在比赛场地上,这是合法的。如果该队员跌倒 在比赛场地上后,由于其动量,持着球滑动,这也是合法的。然而,如果 随后该队员持着球滚动来躲避防守,或持着球试图站起来,这是违例。

16.三秒钟

陈述: 当队员在端线处离开比赛场地来避免"3秒违例",然后又重新进入限制区,这是违例。

17.八秒钟

陈述: 由于出现跳球情况进攻计时钟停止。如果该交替拥有掷球入界的球权是判给(原)在其后场控制球的队,那么该队应只享有8秒时段中的剩余时间。

18.二十四秒钟

陈述: 当临近进攻时段结束时投篮,并且球在空中时进攻计时钟信号响。如果球未触到篮圈,除非球已被对方队员迅速并明显地获得了控制,否则一次违例发生。应判给对方队在最靠近被裁判员停止比赛的地点掷 球入界,直接在篮板后面的地点除外。

18-1陈述: 如果进攻计时钟信号响,据裁判员的判断,对方队员是立即并明显地获得了控制球。在这种情况中,信号不予理会。比赛应继续。

18-2陈述: 如果原控制球的队被判得交替拥有掷球入界,该队只享有在跳球情况发生时进攻计时钟上显示的剩余时间。

18-3陈述: 如果裁判员因为非控球的队发生了犯规或违例(不是使球出界)而停止了比赛,并将球权判给了原先在前场控制球的同一队,进攻计时 钟

应按如下规定复位:

· 如果比赛停止时,进攻计时钟上显示14秒或更多,进攻计时钟应从它显示的剩余时间处继续计时;

· 如果比赛停止时,进攻计时钟上显示13秒或更少,该队应享有进攻计时钟上显示的14秒。

18-4陈述:如果裁判员因为任何不涉及双方球队的正当原因而停止了比赛,如果根据裁判员的判定,这将会置对方于不利时,进攻计时钟应从它显示的剩余时间处继续计时。

18-5陈述:因一起违反体育运动精神的犯规或一起取消比赛资格的犯规罚则而导致的掷球入界,应总是在该队前场的掷球入界线执行。该队应享有进攻计时钟上显示的14秒。

18-6陈述:当投篮的球已离手,随即宣判了一起防守队员在他后场{原进攻队的前场}的犯规,如果比赛是掷球入界重新开始,则该队应享有进攻计时钟上应显示的14秒。

18-7陈述:在球(无论因什么原因)触及了对方队球篮的篮圈后,如果球被它在触及篮圈前的控制球队重新获得控制时,该队应享有进攻计时钟显示的14秒。

场或后场获得一个新的活球球权时,该队应享有进攻计时钟上显示的24秒。

18-8陈述:因为控制球队发生一起犯规或违例(包括使球出界),裁判员停止了比赛;如果裁判员将球判给对方队在其前场掷球入界,那么该队应享有进攻计时钟上显示的14秒。

18-9陈述:无论何时,某队在赛场上的任何地点获得一个新的控制活球,或获得控制活球,或重新获得控制活球,[要注意的是:这里指的三种'获控制球'的情况,都是指如果该队获得控制球后,需要享有(进攻计时钟上显示的)24秒进攻时段的情况。]且此时在比赛计时钟上显示的时间少于24秒时,进攻计时钟上应不显示。当球已接触了对方球篮的篮圈,且该活球又被该队在赛场上的任何地点重新获得控制,而此时,在比赛计时钟上显示少于24秒但又多于14秒,则该队应享有进攻计时钟上显示的14秒。如果(此时)在比赛计时钟上显示14秒或更少,则进攻计时钟上不显示。

18-10陈述:临近24时段结束时的投篮,当投篮的球在空中时,进攻计时钟信号响。如果球未触及篮圈,裁判员应等片刻看一下,如果对方队:

·立即并明显地获得控制球,则应不顾及该进攻计时钟的信号。

·不是立即并明显地获得控制球,则裁判员应宣判该违例。

19.球回后场

19-1陈述:当一名(跳起在空中的)队员,他保持着相对与他跳起前最后触及的赛场地面的相同状况。然而,当一名队员从他的前场跳起,并仍在空中时,获得了一个新的球队控制球,随后,他可以持着球落在赛场上的任何地点。(但)他在落地前不可将球传给位于他后场的同队队员。

19-2陈述:A队在其前场控制球时,当一名完全位于他前场的A队队员使球接触了他的后场,随后,一名无论是在他前场或是在他后场的A队队员首先触及球,该活球已非法回后场。然而,{A队在其后场控制球时}当一名在他后场的A队队员使球接触了他的前场,随后,一名无论是在他前场或是在他后场的A队队员首先触及球,这是合法的。

20.干涉得分和干扰得分

20-1陈述:在投篮或罚球中,当球在篮圈上方时,如果队员伸手从下方穿过球篮并触球,这是干扰得分(违例)。

20-2陈述:在传球中或球已触及篮圈后,当球在篮圈上方时,如果队员伸手从下方穿过球篮并触球,这是干扰得分(违例)。

20-3陈述:在最后一次不成功的罚球中,球触及了篮圈。如果,在球进入球篮前被任一队员合法触及,该罚球就变成了一次2分投篮。

20-4陈述:在下述情况中:

·投篮

·最后一次不成功的罚球,

·在结束该节或该决胜期的比赛计时钟信号响后,当球触及了篮圈后,并仍有进入球篮的可能性时,宣判了一起犯规。此后,如果有任一队员触及此球,则是违例。

20-5陈述:投篮中,如果球在向球篮飞行的行程中被队员触及,涉及干涉得分和干扰得分的所有限制应均适用。

20-6陈述:如果队员使篮板或篮圈晃动,据裁判员判定,此举已阻碍了球

进入 球篮或已使球进入了球篮,这是干扰得分违例。

20-7陈述:如果队员抓住球篮(篮圈或篮网)去打球,是干扰得分违例。

21. 陈述:这条"无撞人半圆区"规则的目的,不是去奖赏一个到他自己本方球篮的下方去占据好位置,并以此试图造成让正控制球并 突向球篮的进攻队员发生撞人犯规的防守队员。"无撞人半圆区"规则应适用于下列条件。

(1)防守队员须有一脚或双脚与半圆区相接触。该半圆线是半圆区的一部分。

(2)进攻队员须持球突破,[从半圆线外跳起]越过半圆线尝试投篮,或在空中时传球。下列情况不适用'无撞人半圆区'规则;任何接触将按照,如:圆柱体原则,阻挡/撞人原则的规定来判定:

a.对所有在无撞人半圆区域外发生的比赛情况,或对发生在半圆区至U端线之间区域的比赛情况。

b.对所有争抢篮板球时(发生)的情况,即投篮后球反弹出来,在 抢篮板球时发生非法接触的情况。

c.对任何进攻队员或防守队员所有非法用手、用手臂、用腿或身体

22.双方犯规

陈述:一起犯规可能是侵人犯规,违犯体育运动精神的犯规,取消比赛资格的犯规或是技术犯规。要认定是一起双方犯规:两起犯规必须是队员的犯规,还必须是相同种类的:要么两起都是侵人犯规,或者,两起犯规是违犯体育运动精神的和取消比赛资格的任意组合。双方犯规必须是包含有身体接触,因此,技术犯规不是双方犯规中的一部分,因为它是没有接触的犯规。

如果,两个犯规是发生在几乎同时,但不是相同的种类(侵入的或违犯 体育运动精神的/取消比赛资格的),这不是一起双方犯规。罚则不能相互抵消。该侵人犯规总是被认为是发生的第一起犯规,而该违犯体育运动精神的/取消比赛资格的犯规则是发生的第二起犯规。

23.技术犯规

23-1陈述:裁判员已就某队员的行为或举止给予了警告,如再犯,得以导致一次技术犯规。那次警告也 应通知该队的主教练员,并且该警告应在比赛的剩余时间内对出现任何类 似行为的该队任一球员均适用。裁判员的警告应该只有在球成死球,并且 比赛计时钟停止时给出。

23-2 陈述：当一名队员正在做投篮动作时,不允许对方队员用一些动作去扰乱该队员,如:用手去靠近投篮队员的眼睛,大声喊叫,用力跺脚或靠近投篮队员拍手。如果做出这样的行为使投篮队员处于不利,可以导致一起技术犯规;或者如果未造成使投篮队员处于不利,可以给予一次警告。

23-3 陈述：如果裁判员们发现,在同一个队同时有多于五名队员在比赛场地上 参赛时,只要不置对方于不利,该失误必须尽快予以纠正。

假定裁判员和记录台人员的工作是正确的,一名队员必定是非法进入或是 非法留在比赛场地上的。因此裁判员们必须命令一名队员立即离开比赛场地,并登记该队主教练员一次技术犯规。主教练员应对保 证替换正确地实施,并且在替换后,还要对那名被替换队员立即离开比赛 场地负责任。

23-4 陈述：发现了某队正以多于五名的队员在非法参赛。直至裁判员确认 时,任何队员(之前)的所有得分应保留有效。任何队员(之前)发生的的所有犯规应保留有效,并应被认为是队员的犯规。

23-5 陈述：一名队员因第五次犯规,已被通知不再有资格参加比赛后,他再次进入比赛。该非法的参赛一经被发现,只要不置对方于不利,应立即给 予处罚。

23-6 陈述：在告知了一名队员的第五次犯规后,他再次进入比赛。直至他的非法参赛并被发现,那名队员(之前的)所有得分应保留有效。所有对方队员 对他发生的犯规应保留有效。所有那名队员发生的犯规应保留有效,并应被认为是队员的犯规。

23-7 陈述：某队员在已发生第5次犯规时未被告知不再有资格参赛,之后,他留在或又进入比赛中。一旦那名队员的非法参赛被发现,只要不置对方于 不利,该队员就须离开比赛。

对那名队员的非法参赛不予处罚。直至那名队员的非法参赛被发现,他(之前的)所有得分应保留有效。所有对方队员对他发生的犯规应保留有效。所 有那名队员发生的犯规应保留有效,并应被认为是队员的犯规。

23-8 陈述：无论何时,一名队员在骗取犯规,则应运用下列程序:

·不中断比赛,裁判员做出'抬起小臂两次'的手势来示意该'骗取犯规'。

·比赛一中断,就应将该警告通知该队员和该队的主教练员。双方球队都应有权得到一次警告。

·下次,该队的任一队员再骗取犯规,应被判以技术犯规。如果比赛没有被停止,没有向任一队员或该队主教练员通知这个(早些时候的)警告的机会,该判罚也适用。

·如果在没有任何身体接触而出现过分的'骗取犯规'情况时,可以在没有给过警告的情况下,立即判以技术犯规。

23-9陈述:过分挥肘可能发生严重受伤,尤其在抢篮板球和严密防守队员的情况中。如果这样的动作导致接触,就可以判侵人犯规、违反体育运动精神的犯规或甚至是取消比赛资格的犯规。如果这样的动作没导致接触,可以判技术犯规。

23-10陈述:当队员在被登记了他第五次侵入的、技术的或违反体育运动精神的犯规后,就成了一名出局的队员。在他第五次犯规后,他再有任何的技术犯规都应登记在他的主教练员名下,记作:'B1'。

该出局的队员不是一名被取消比赛资格的队员,可以留在他的球队席区域内。

23-11陈述:当宣判了一起技术犯规时,其罚球罚则应立即执行,不站位。罚球后,比赛应在最靠近技术犯规发生时球所在位置的地点重新开始。

24.违反体育运动精神的犯规

24-1陈述:第四节和每一个决胜期的比赛计时钟上显示2:00或更少时,供掷球入界的球在界外并仍在裁判员手中,或执行掷球入界的队员已经可处理球。如果此刻,一名在赛场上的防守队员造成与一名在赛场上的进攻队员发生接触,并被判以犯规,那么,这是一起违反体育运动精神的犯规。

24-2陈述:第四节和每一个决胜期的比赛计时钟上显示2:00或更少时,球已离开执行掷球入界队员的手。防守队员为了停止比赛计时钟或不让其重新开启,与在赛场上已经接到球或正要接到球的进攻队员造成接触。如果这样的接触是一种去直接抢球的正当尝试,应判一次侵人犯规,除非有应被判为违反体育运动精神的犯规或取消比赛资格犯规的严重接触。

24-3陈述:当一名队员正在朝向其对方球篮行进,且该行进中的队员、球和对方球篮之间没有对方队员时,一名对方队员在该队员正开始做投篮动作前,从该队员的后面或侧面去对他发生任何的非法接触,应被判为违犯体育运动精神的犯规。然而,在比赛中的任何时候,一种非法的不直接针对球去争抢的尝试,或任何猛烈的接触,可以被判一起违反体育运动精神的犯规。

24-4陈述:一名队员在被判了他的第5次个人犯规后,他就成为一名出局的队员。任何后面该队员出现的技术的或取消比赛资格的犯规,或违反体育运 动精神的行为的犯规,应在其主教练员名下登记'B',并按相关规定处罚。

25.取消比赛资格的犯规

25-1陈述:任何被取消比赛资格的人员是不再被允许坐在他的球队席上。因此,对其任何违反体育运动精神的行为不能再有判罚。

25-2陈述:当一名队员因他恶劣的违反体育运动精神的行为被取消比赛资格,其罚则与任何其他取消比赛资格的犯规罚则相同。

25-3陈述:当一名主教练员被判取消比赛资格的犯规,应被登记为'D2'。

当任何其他被允许坐在他球队席上的人员被取消比赛资格,应登记该队主教练员一次技术犯规,记作'B2'。该罚则应与任何其他取消比赛资格的 犯规罚则相同。

25-4陈述:一名队员或一名被允许坐在他球队席上的人员,所做出任何公然违反体育运动精神的行为,是一起取消比赛资格的犯规。这个取消比赛资格的犯规,可能是他们如下的行为所导致的。

(1)针对对方队的人员,裁判员,记录台人员和技术代表。

(2)针对他本队的任何成员。

(3)故意损坏比赛器材。

25-5陈述:如果一名队员被取消比赛资格,在他前往球队休息室的途中,发生了一些与违反体育运动精神的犯规或取消比赛资格的犯规相符合的行为,这些额外的(指:比赛之外的)。行为将不被处罚,只是须向竞赛的组织部门报告。

26.打架

26-1陈述:如果打架后,所有的罚则都相互抵消了,则应判给在打架开始时控制球的队或拥有球权的队,在最靠近打架发生时球所在位置的地点掷球入 界。该队应享有进攻计时钟上在比赛被停止时显示的剩余时间。

26-2陈述:因为主教练员自己,第一助理教练员(如果他们中的一人或两人不去协助裁判员们维持或恢复秩序),替补队员、犯规出局的队员或随队人员因在打架情况中离开球队席区域而被取消比赛资格的,应登记该队主教练员一个单一的技术犯规。如果这技术犯规涵盖了该主教练员的被取消比赛资格,则在记录表上应登记为'D2'。如果这技术犯规仅仅只涵盖了被允许坐在其球队席上的其他人员的一个或多个被取消比赛资格,则应登记为'B2'。其罚则应是对方队执行2次罚球和对方队的(掷球入界)球权。

对于另外出现的每一起取消比赛资格的犯规,其罚则应是对方队执行两次罚球和对方队的(掷球入界)球权。所有的罚则都应被执行,除非双方球队有相等的罚则被相互抵消。在这种情况下,如同对于任何其他取消比赛资格的犯规一样,比赛应在该队前场的掷球入界线掷球入界重新开始。该队应享有进攻计时钟上显示的14秒。

27.特殊情况

27-1陈述:在特殊的比赛情况中,同一个停止比赛计时钟的时段内有数个罚则要被执行,裁判员们必须对所生的违例或犯规的次序给予特别的注意,以确定哪些罚则应被执行,哪些罚则应被抵消。

27-2陈述:如果在罚球期间宣判了双方犯规或是相等罚则的(多起)犯规,这些犯规应被登记在记录表上,然而,这些罚则不应执行。

27-3陈述:如果判了一起技术犯规,应立即执行该罚球罚则,不站位。但它不适用于被允许坐在其球队席上的任何其他人员,因被取消比赛资格而登记在主教练员名下的技术犯规。这样的技术犯规罚则(两次罚球和在该队前场的掷球入界线掷球入界)应在此(同一死球)期间已发生的所有犯规和违例中按次序执行,除非它们(有)被抵消。

27-4陈述:如果把双方犯规和把对双方球队相等的罚则抵消后,没有剩余的罚则要执行的话,比赛应由在第一起违犯前已控制球或拥有了球权的队掷球入界重新开始。

如果在第一起违犯前,既没有哪个队控制球,又没有哪个队拥有球权,这是一次跳球情况。比赛应由交替拥有掷球入界重新开始。

28.可纠正的失误

28-1陈述:要纠正可纠正的失误,必须在该失误后且启动了比赛计时钟,然后,在出现第一次死球后,且球成活球前,被裁判员、记录台人员或到场的技术代表确认。那就是:

失误发生在一个死球期间　失误可纠正。

(球成)活球　失误可纠正。

比赛计时钟启动或继续运行　失误可纠正。

(球成)死球　失误可纠正。

球(再)成活球　失误不再可纠正。

失误被纠正之后,应重新开始比赛,并将球判给在纠正失误中断比赛时拥有球权的队。

28-2陈述:如果失误是由错误的队员执行了(i次或多次)罚球造成的,该罚球应被取消。如果比赛尚未重新开始,将球判给对方队员在罚球线的延长部分掷球入界;除非还有进一步的违犯罚则要执行。如果比赛已重新开始,则应停止比赛去纠正失误。在该失误被纠正后,比赛应在最靠近因纠正 失误而中断比赛的地方重新开始。

如果一名错误的队员有意去执行罚球,在该队员的第一次罚球球离手前被 裁判员发现了,该错误队员应立即被正确的罚球队员替换,无需任何处罚。

28-3陈述:当失误被纠正后,比赛应在最靠近因纠正失误而中断比赛的地点重新开始,除非纠正该失误涉及到没有判给应得的罚球,并且:

(1)如果失误造成后,球队的球权没有改变,比赛应按任何最后的罚球后重新开始。

(2)如果失误造成后,球队的球权没有改变,并且同一队中篮得分了,该失误就应不予理会了,比赛应按任何成功的投篮后重新开始。

28-4陈述:涉及比赛计时钟耗时或漏启动的计时失误时,裁判员们在主裁判 员在记录表上签字之前的任何时候都可以纠正。

F-即时重放系统

1.一般原则

F-1 陈述:如果在某节或某决胜期的结束时使用IRS回看,裁判员应将双方球队留在比赛场地上。

F-2 陈述:在比赛前,主裁判员须批准IRS设备,并通知双方主教练员关于该设备的可用性。只有被主裁判员批准的IRS设备,才可以用于IRS回看。

参考文献

［1］教育部关于印发《高等学校课程思政建设指导纲要》的通知［EB/OL］. ［2020－06－01］. http://www.moe.gov.cn/srcsite/A08/s7056/202006/t20200603-462437.html.

［2］关于印发教育部高等教育司2018年工作要点的通知［EB/OL］. ［2018-03-06］. http://www.moe.gov.cn/s78/A08/tongzhi/201803/t20180327-331335.hyml.

［3］陈宝生. 在新时代全国高等学校本科教育工作会议上的讲话［J］. 中国高等教育,2018(Z3):7.

［4］习近平. 把思想政治工作贯穿教育教学全过程,开创我国高等教育事业发展新局面［N］. 人民日报,2016-12-09.

［5］中共中央、国务院印发《关于加强和改进新形势下高校思想政治工作的意见》［EB/OL］. ［2019-08-14］. http://www.gov.cn/xinwen2017-02/27content-5182502.htm.

［6］习近平出席全国教育大会并发表重要讲话［EB/OL］. http://www.gov.cn/xinwen/2018-09/10/content-5320835.htm.

［7］教育部关于深化本科教育教学改革全面提高人才培养质量的意见［EB/OL］. ［2019-09-29］.http://www.moe.

Gov.cn/srcsite/A08/s7056/201910/t20191011-402759.html.

［8］教育部关于印发《高等学校课程思政建设指导纲要》的通知［EB/OL］. ［2020-05-28］. http://www.moe.gov.

Cn/srcsite/A08/s7056/202006/t20200603-462437.html.

[9]《"三大球"要搞上去,这是一个体育强国的标志》,《中国体育报》2017年1月20日.

[10]中共中央组织部.贯彻落实习近平新时代中国特色社会主义思想在改革发展稳定中攻坚克难案例—社会建设[M].北京:党建读物出版社,2019:61.

[11]杨晓慧.深入理解"教育是国之大计、党之大计"重要论断[J].中国高等教育,2020(22):12-14.

[12]习近平.在北京大学师生座谈会上的讲话[J].中国高等教育,2018(9):4-6.

[13]习近平出席全国教育大会并发表重要讲话[EB/OL].[2018-09-17].http://www.gov.cn/xinwen/2018-09/10/content-5320835.htm.

[14]陈亮,石定芳.新时代高等教育现代化的政策逻辑与实践路径[J].高等教育管理,2021,15(1):97-106.

[15]刘国瑞.中国共产党高等教育思想的发展逻辑与历史贡献——基于党执政以来的理论发展与政策实践研究[J].中国高等教育研究,2021(5):11-21.

[16]习近平:决胜全面建成小康社会 夺取新时代中国特色社会主义伟大胜利——在中国共产党第十九次全国代表大会上的报告[EB/OL].[2017-10-27].http://www.gov.cn/zhuanti/2017-10/27content5234876.htm.

[17]人民论坛"特别策划组".深入研读习近平总书记关于教育的重要论述[J].人民论坛,2019(6):6.

[18]韩丽颖.立德树人:生成逻辑.精神实质.实践路径[J].东北师范大学学报:哲学社会科学版,2016(6):201-208.

[19]赵富学,黄桂昇,李程示英等,"立德树人"视域下体育课程思政建设的学理释析及践行诉求[J].体育学研究,2020,34(5):48-54.

[20]石定芳,廖婧茜.新时代高校课程思政建设的本真、阻碍与进路[J].现代教育管理,2021(4):38-44.

[21]王天民,闫智敏.思政课程与课程思政协同运行:理据、契机与对策[J].教育与教学研究,2020,34(6):39-47.

[22]张烁.用新时代中国特色社会主义思想铸魂育人 贯彻党的教育方针落实立德树人根本任务[N].人民日报,2019-03-19(1).

[23]李在军,刘美,赵野田.课程育人:高校体育类专业课程思政特征、难点及应对策略[J].沈阳体育学院学报,2001,40(3):18-24,32.

[24]王海威,王伯承.论高校课程思政的核心要义与实践路径[J].学校党建与思想教育,2018(14):32-34.

[25]卞敏.中华民族精神研究[M].北京:光明日报出版社,2008:59.

[26]孙民治主编.球类运动-篮球(第三版)[M].北京:高等教育出版社,2001.

[27]孙民治主编,现代篮球高级教程[M].北京:人民体育出版社,2004.

[28]王家宏主编.篮球[M].桂林:广西师范大学出版社,2003.

[29]张岱年、方克立主编.中国文化概论[M].北京:北京师范大学出版社,1994.

[30]张雄、徐济成.NBA50年[M].北京:人民体育出版社,1997.

[31]孙民治.篮球纵横.[M].北京:人民体育出版社,1996.

[32]孙民治.体育院校通用教材:篮球运动教程[M].北京:人民体育出版社,2001.

[33]于振峰主编.篮球[M].西安:陕西科学技术出版社,1993.

[34]刘汉卿主编.体育教育法[M].郑州:河南科学技术出版社,1991.

[35]陆爱云.运动生物力学[M].北京:人民体育出版社,2010.

[36]高鹗、李峨恒.现代篮球训练理论与实验[M].北京:人民体育出版社,1998.

[37]寇振声.篮球教学与训练法[M].北京:人民体育出版社,1987.

[38]胡学明等.体育教育专业试题库(篮球试题库)[M].天津:天津科学技术出版社,1998.

[39]白金申.篮球实践荟萃[M].北京:人民体育出版社,1995.

[40]孙民治.篮球运动教学训练试题解答[M].北京:人民体育出版社,2001.

[41]黄汉升主编.体育教学训练理论与方法[M].北京:高等教育出版社,2003.

[42]叶国雄、陈树华主编.篮球运动研究必读[M].北京:人民体育出版社,1998.

[43]郭玉佩著.篮球裁判600问[M].北京:人民体育出版社,1996.

[44]中国篮球协会审定.篮球竞赛规则[M].北京:光明日报出版社,2004.

[45]中国篮球协会审定.篮球裁判员手册[M].北京:光明日报出版社,2004.

[46]王家宏、茅鹏.关于儿童、少年篮球适应形式的研究[J].中国体育科技,1999.(7).

[47]孙民治.21世纪世界篮球运动发展的趋势与特征[J].体育学刊,2000(6).

[48]梁建平、李敦杰、汤悟先.对我国篮球职业化改革的思考[J].北京体育师范学院学报,1999(2).

[49]谭朕斌.对我国篮球理论研究现状的思考[J].北京体育示范学院学报,1999(9).

[50]虞重干、郭权.篮、排球运动员下肢3关节肌等速测试的对比研究[J].体育科学,2000(2).

[51]王亚琪、赵禹等.篮板球的反弹规律与进攻篮板球的拼抢[J].北京体育大学学报,2002(1).

[52]John Loy.The Nature of Sport:a definitional effort,J.Loy&G.Kenyon ed.Sport,Culture,andSociety[J].TheMacmillan:1969:5970.[28]KevinHylton,Peter-Bramhan.Sportdevelopement:policy,process and practice[M].2ed.London andNew-york,2008:112-124.

[53]颜天民.竞技体育的意义—价值理论研究探微[M].北京:北京体育大学出版社,2003:10-11.

[54]过家兴等.运动训练学[M].北京:北京体育学院出版社,1986:9.

[55]田麦久.运动训练学[M].北京:人民体育出版社,2000:1.

[56]袁伟民.体育科学词典[K].北京:高等教育出版社,2000:36.

[57]白喜林.中国竞技篮球发展战略研究[D].北京体育大学,2003:23-25.

[58]张雄.我国竞技篮球人力资源生态环境的研究[J].体育文化导刊,2005(4):14-15.

[59]赵国华.我国竞技篮球职业化发展战略研究[D].苏州大学,2013:24-25.

[60]David Anderson et al.Foundation of Canadian Physical Education, Recreation and Sports Studies[M].Wcb Publisher,1989:31.

[61]周德群.系统工程方法与应用[M].北京:电子工业出版社,2015:18-19.

[62]陈队永.系统工程原理及应用[M].北京:中国铁道出版社,2014:34-37.

[63]白喜林.新形势下中国篮球运动的持续发展与篮球后备力量[J].北京体育大学学报,1999,22(3):11.

[64]刘玉林.世界篮球运动发展趋势和我国篮球运动发展现状[J].成都体育学院学报,2000,26(2):69-71.

[65]高建磊,陈树华,许永刚.我国篮球竞技后备人才可持续发展影响因素的研究[J].广州体育学院学报,2001,3(21):82-84.

[66]薛正武,赵文革.我国青少年男篮后备人才的现状分析及对策研究[J].2002,2(14):47-49.

[67]张振东.我国优秀男子篮球后备人才现状分析研究[J].西安体育学院学报,2002,10(19):135-136.

[68]张凤珍.我国竞技体育后备人才培养体制的现状分析及对策[J].体育与科学,2008,3(29):56-59.

[69]侯德红,唐建倦.中国竞技篮球后备人才培养模式研究[J].首都体育学院学报,2009,21(3):376-377.

[70]王守恒.我国篮球项目竞技体育后备人才培养发展的战略思考[J].首都体育学院学报,2013,25(6):527-529.

[71]张宁.我国竞技篮球后备人才培养模式衔接的症结分析与重构思考[J].成都体育学院学报,2013,39(6):79.

[72]赵军.新形势下我国篮球人才培养中存在的问题研究[J].体育科技,2015,36(1):58-59.

[73]刘玉林.世界篮球运动发展趋势和我国篮球运动发展现状[J].成都体育学院学报,2000,26(2):69-71.

[74]严精华,潘宁,张勇军等.中国男篮现状及发展的思考[J].体育学刊,2005,12(4):109.

[75]刘守旺.中国男篮发展对策研究[J].体育文化导刊,2015(2):120.

[76]黄优强,周武.对中国男篮后备人才培养模式的审视[J].北京体育大学学报, 2014,37(4):135-136.

[77]池建.论竞技体育与高等教育的结合[J].北京体育大学学报,2003, 26(2):150-151.

[78]国家体育总局考察组.西班牙体育管理体制情况考察报告[J].体育文化导刊,2003(12):15-17.

[79]王庆伟,许广树,李贵成.澳大利亚高水平运动员培养体制调查研究[J].体育科学,2004, 24(1):17-20.

[80]Backing Australia's Sporting Ability A More Active Australia[R]. Australian Sports Commission,2001.

[81]Australian Sport the pathway to success[R]. Australian Government, 2010.

[82]李晓红,刘云,张至辉等.美国高校竞技篮球与职业篮球人才输送链接研究[J].北京体育大学学报,2010,33(5):127.

[83]周冰.西班牙体育崛起及其启示[J].体育文化导刊,2012(3):30-31.

[84]曲国洋.日本竞技体育体制研究[M].济南:山东大学出版社, 2015.34-40.

[85]《马克思恩格斯文集》第2卷[M].北京:人民出版社,2009:53.

[86]《马克思恩格斯文集》第1卷[M].北京:人民出版社,2009:189.

[87]叶忠海.新编人才学通论[M].北京:党建读物出版社,2013:3-4.

[88]马斯洛.动机与人格[M].西安:陕西师范大学出版社,2010:7-9.

[89]王道俊.教育学[M].北京:人民教育出版社,1999:1-5.

[90]柳海民.教育学概论[M].北京:北京师范大学出版社,2015:114.

[91]田麦久.运动训练学[M].北京:人民体育出版社,2000:11-12.

[92]杨桦,任海.中国体育发展方式改革研究[M].北京:高等教育出版社, 2016.42-44.

[93]舒新城.辞海[M].北京:中国书籍出版,2009.

[94]莫衡等,当代汉语词典[M].上海:上海辞书出版社,2001.

[95]新华社.国家中长期人才发展规划纲要(2010—2020年)[EB/OL].2010-6-6[2016-12-19].http://news.xinhuanet.com/politics/2010-06/06/c_

12188202.htm.

[96]沈荣华.人才标准也要与时俱进[N].探索,2003.8.1(1).

[97]王向宏.我国竞技体育人才培养体系优化整合研究[D].东北师范大学,2011.

[98]杨再淮.竞技体育后备人才培养[M].北京:人民体育出版社,2006:19.

[99]韩春利.体育人力资源开发与管理实务全书[M].北京:复旦大学出版社,2005.7

[100]都娟.后发优势与我国优秀篮球后备人才的培养[D].苏州大学,2007.

[101]唐建倦.中国竞技篮球后备人才培养运行机制研究[D].北京:北京体育大学,2007.

[102]顾明远.教育学大辞典[M].上海:上海教育出版社,1990:192.

[103]杨有振,王书华,卫博.高校人才培养目标与课程体系设置改革研究[J].山西财经大学学报,2010,13(4):11.

[104]袁贵仁.认真学习贯彻十七大精神,推进教育事业科学发展[J].思想理论教育导刊,2007(11):10-11.

[105]刘军,张方风,朱杰.系统工程[M].北京:机械工业出版社,2014:1-3.

[106]中国大百科全书总编委会.中国大百科全书:自动控制与系统工程[M].中国大百科全书出版社,1991:561-563.

[107]苗东升.钱学森系统科学思想研究[M].北京:科学出版社,2012:7-9.

[108]孙文军.管理科学与工程类人才培养模式研究[D].天津:天津大学,2005.

[109]周德群.系统工程方法与应用[M].北京:电子工业出版社,2015:18-19.

[110]陈队永.系统工程原理及应用[M].北京:中国铁道出版社,2014:34-37.

[111]杨有振,王书华,卫博.高校人才培养目标与课程体系设置改革研究[J].山西财经大学学报,2010,13(4):11.

[112]钟秉枢.社会转型期我国竞技体育后备人才培养及其可持续发展[M].北京:北京体育大学出版社,2003:58-59.

[113]新华网.联合国与国际奥委会签署体育促进发展与和平备忘录[EB/OL].2014-4-30.http://news.xinhuanet.com/2014-04/29/c_1110453431.htm.2016-

5-16.

[114]阿马蒂亚·森.以自由看待发展[M].北京:中国人民大学出版社,2002:30-32.

[115]张进辅.现代青年心理学[M].重庆:重庆出版社,2002:255-285.

[116]张东军.中国当代运动员核心价值管研究[D].华中师范大学,2013.

[117]奥林匹克委员会.奥林匹克宪章[EB/OL].2007-7-7[2016-8-29]. http://wenku.baidu.com/view/559333aaf705cc1755270992.html?from=search.

[118]黄亚玲.奥林匹克文化理念:交流与融合[J].理论周刊,2008(8):1-2.

[119]罗家伦.新人生观[M].沈阳:辽宁教育出版社,1997:30-32.

[120]冬烘刚,张卓,程大力.共同价值的消解与重构[J].体育文化导刊,2007(7):6-7.

[121]中国人民解放军军事科学院编.马克思主义军事理论著作选读[M].北京:军事科学出版社,2008:276.

[122上海交通大学钱学森研究中心.智慧的钥匙,钱学森论系统科学[M].上海:上海交通大学出版社,2015:17-19.

[123]于梅子,纪颖,唐芹,钮文异.应用德尔菲法构建公共健康传播材料筛选指标体系[J].中国健康教育.2011,27,(4):278-279.

[124]尤建新.管理学概论[M].上海:同济大学出版社,2015:3.

[125]谭力文,李燕萍.管理学[M].武汉:武汉大学出版社,2014:5-7.

[126]杨桦,李宗浩,池建.运动训练学导论[M].北京:北京体育大学出版社,2007:12.

[127]全国体育院校教材委员会.篮球运动高级教程[M].北京:人民体育出版社,2002:185.

[128]王琳,薛锋.运动训练理论研究[M].北京:中国社会科学出版社,2014:84-85.

[129]王众托.系统工程[M].北京:北京大学出版社,2015:6-8.

[130]杨桦.论篮球运动的本质、特征及规律[J].成都体育学院学报,2001,27(4):61.

[131]高平叔.蔡元培全集[M].北京:中华书局,1984:172.

[132]高强.布迪厄体育社会学思想研究[M].北京:知识产权出版社,

2014:5-6.

[133]马克思,恩格斯.马克思恩格斯选集:第一卷[M].北京:人民出版社,1995:37.

[134]张友琴,童敏,欧阳马田.社会学概论[M].北京:科学出版社,2000:67-70.

[135]刘爱杰.竞技体育的时代价值与功能:2015年运动训练科学高峰论坛致辞[J].首都体育学院学报,2016,28(1):55.

[136]熊晓正.我国竞技体育发展模式的形成、演变与重构[J].体育科学,2007,27(10):6-7.

[137]于振峰,张振东,张建军等.中国竞技篮球后备人才现状调查与培养对策[J].体育学刊,2002,9(5):125.

[138]李辅材,文福祥,董尔智等.中国篮球运动史[M].武汉:武汉出版社,1991:180-184.

[139]牟作云.学习女排 勇攀高峰.全国篮球训练工作会议上的讲话[C].杭州,1981.

[140]张长禄.团结一致,勇于创新,实现新突破.全国篮球训练工作会议讲话[C].沈阳,1985.

[141]牟作云.学习女排 勇攀高峰.全国篮球训练工作会议讲话[C].杭州,1981.

[142]谈皖宁.举国体制下职业运动员文化素质资本获得的困境与出路[J].成都体育学院学报,2001,27(6):27-30.

[143]新华网.体育发展的"十三五"规划[EB/OL].2016[2016-11-12].http://news.xinhuanet.com/sports/2016-05/05/c_128960270.htm.

[144]冯建中,郭建军,王玄等.奥运项目竞技体育后备人才培养中长期规划(2014-2024)[M].北京:人民体育出版社,2014:444-456.

[145]于振峰,张振东,张建军等.中国篮球竞技后备人才现状调查与培养对策[J].体育学刊,2002,9(5):123-124.

[146]李振国.国家体育总局运动项目管理体制改革回顾[J].体育文化导刊,2008(4):4-5.

[147]汪流.中国体育社团改革与发展研究[M].北京:北京体育大学出版

社,2012:67.

[148]中国人民共和国民政部.社会团体登记管理条例[EB/OL].http://mjzx.mca.gov.cn/article/zcfg/201304/20130400437175.shtml.2017-2-21.

[149]中篮球协会.全国篮球高水平后备人才基地年度考核及奖励办法(试行)[EB/OL].2016[2016.8.23].http://www.cba.gov.cn/.

[150]李金生,王玄,都娟等.中国青少年篮球训练教学大纲[M].北京:北京体育大学出版社,2012:23-26.

[151]FIBA官方网站[EB/OL].http://www.fiba.com/.2016-12-3.

[152]沈勋章.奥运项目教学训练大纲青少年选材育才研究[M].上海:上海浦江教育出版社,2015:596.

[153]谈皖宁.举国体制下职业运动员文化素质资本获得的困境与出路[J].成都体育学院学报,2001,27(6):27-30.

[154]王凯珍等.国家队管理模式的研究[J].北京体育大学学报,2006,29(10):1299.

[155]陈正.关于"科学训练"若干问题的探讨[J].成都体育学院学报,2000,26(6):92.

[156]冯建中.2015年全国青少年体育工作会议上的讲话[R].长沙:国家体育总局,2015.

[157]池建.走进美国[M].北京:人民体育出版社,2009:46-54.

[158]王成,王纪鹏.美国高校篮球后备人才培养机制的内容、特征及启示[J].西安体育学院学报,2012,29(3):322.